Veronika Komadia-Hana

Anne und

das Reich des Ayurveda

Die Wissenschaft vom Leben

Impressum

Bibliografische Information der Deutschen Nationalbibliothek: Die Deutsche Nationalbibliothek verzeichnet diese Publikation in der Deutschen Nationalbibliografie; detaillierte bibliografische Daten sind im Internet über dnb.dnb.de abrufbar.

Die automatisierte Analyse des Werkes, um daraus Informationen insbesondere über Muster, Trends und Korrelationen gemäß §44b UrhG („Text und Data Mining") zu gewinnen, ist untersagt.

1.Auflage
Veronika Komadina-Hana
Verlag:
BoD · Books on Demand GmbH, Überseering 33, 22297 Hamburg, bod@bod.de
Druck:
Libri Plureos GmbH, Friedensallee 273, 22763 Hamburg
Verantwortlich für Text, Idee und Konzept:
Veronika Komadina-Hana
Illustration und Gestaltung:
Veronika Komadina-Hana
(mit Leonardo.ai und Canva)
www.happyayurvedafamily.de

Urheberrechtshinweis:

ISBN: 978-3-8192-1142-3

Veronika Komadia-Hana

Anne und

das Reich des Ayurveda

Die Wissenschaft vom Leben

FSC
www.fsc.org

MIX

Papier aus ver-
antwortungsvollen
Quellen

Paper from
responsible sources

FSC® C105338

Für alle kleinen und großen Kinder dieser Welt,

dieses Buch ist für euch – damit euer Herz fröhlich hüpft, euer Körper stark und gesund bleibt und euer inneres Licht leuchtet.

Ich liebe es, Lehrerin und Mama zu sein – euch Wissen zu schenken und dabei zuzusehen, wie ihr mutig, neugierig und klug euren eigenen Weg geht.

Entstanden ist dieses Buch aus meinem Leben mit meiner kleinen Happy Ayurveda Family – mit meinem zauberhaften Sohn, meinem großartigen und liebevollen Mann und zwei wundervollen Großeltern, die uns begleiten.

Aus all der Liebe, Dankbarkeit und dem alten Wissen des Ayurveda ist diese Geschichte geboren – für euch.

Viel Freude beim Lesen!
Veronika

Inhaltsverzeichnis

Kapitel 1:
Irgendetwas stimmt hier nicht!

Heute ist Freitag – Annes Lieblingstag in der Woche. Zum einen, weil das Wochenende beginnt. Zum anderen, weil heute all ihre Lieblingsfächer auf dem Stundenplan stehen: Kunst, Sport und Musik.

Anne liebt es, kreativ zu sein, sich Dinge auszudenken und auswendig zu lernen. Darin ist sie eine Meisterin. Der Tag ist also der perfekte Abschluss – und gleichzeitig der Auftakt zum Wochenende.

Nach Schulschluss läuft Anne gemeinsam mit ihrem kleinen Bruder Aaron nach Hause. Beide gehen auf die Bertha-Luise-Grundschule. Aaron ist in der zweiten, Anne schon in der vierten Klasse.

Als sie die Haustür aufschließen, kommt ihnen ein leckerer Duft entgegen – und eine strahlende Mama.

»Hallo, ihr zwei!«, ruft sie fröhlich, nimmt beide in den Arm und drückt ihnen einen dicken Kuss auf den Kopf

»Na, wie war's in der Schule?«

»Mega!«, antwortet Anne.

»Ich habe heute mein Kunstbild fertig bekommen. Frau Mansion-König hat es schon bewertet – ich hab 'ne Eins!«

Stolz reckt sie die Arme in die Luft.

»Das ist ja klasse, mein Schatz!« Mama drückt sie fest.

»Und, wie war dein Tag?«, fragt sie Aaron und streicht ihm über den Kopf.

»Ganz okay. Aber ich hab riesigen Hunger! Das riecht sooo lecker – was gibt's denn?«

»Überraschung!«, kichert Mama. »Wascht euch die Hände, setzt euch schon mal – ihr dürft mit der Vorspeise loslegen.«

Die beiden flitzen ins Bad, dann an den Tisch. Vor ihnen stehen zwei Schalen. Anne löffelt neugierig – und runzelt die Stirn.

»Das ist ja süß!«

»Richtig. Grießbrei mit Mangomus. Schmeckt's?«, ruft Mama aus der Küche.

»Oh ja, voll gut!«, murmelt Aaron mit vollem Mund.

»Ja, ist lecker«, sagt Anne. »Aber … hast du nicht gesagt, das ist die Vorspeise?«

Mama steckt lachend den Kopf durch die Tür.

»Genau! Das ist die Vorspeise.« Anne runzelt die Stirn.

»Ist heute Gegenteiltag oder warum essen wir den Nachtisch zuerst?«

»Nein, wir machen das jetzt öfter. Ich hab gelesen, dass das Essen bekömmlicher ist, wenn man den Nachtisch zuerst isst.« Sie grinst zufrieden.

»Ich brate noch schnell den letzten Puffer – bin gleich bei euch.«

Anne denkt: Nachtisch zuerst? Wo hat Mama das denn schon wieder gelesen?

Sie will gerade die nächste Frage stellen, da raunt Aaron ihr mit vollem Mund von der Seite entgegen: »Man, Anne, jetzt iss doch einfach. Sonst überlegt Mama sich das nochmal. Ist doch mega! Dann kriegen wir immer Nachtisch – ohne zu fragen!«

Er kichert und schlingt den Rest runter.

Kurz darauf kommt Mama mit einer großen Schüssel zurück.

»So, hier sind die Kartoffelpuffer! Probiert mal – ich habe was Neues gezaubert!«

Dazu gibt es Kräuterquark. Beide nehmen sich eine Portion.

»Schmeckt tipi-toppi!«, findet Aaron.

»Hmmmm«, pflichtet Anne ihm bei. »Aber was ist jetzt neu daran?«

»Ich habe Garam Masala in die Puffer gegeben«, erzählt Mama aufgeregt. »Und im Quark sind frische Kräuter.«

»Garamsa ... was?«, fragt Aaron mit vollen Backen.

»Noch nie gehört«, sagt Anne. Beide schauen Mama fragend an.

»Garam Masala ist eine Gewürzmischung aus der indisch-orientalischen Küche«, erklärt sie.

»Diese hier besteht aus Fenchel, Koriander, Pippali, Piment, Zimt, Kardamom, Nelken und schwarzem Pfeffer. Das macht die Puffer leichter verdaulich. Und außerdem ...«

»Okay, reicht schon!«, ruft Aaron. »Schule ist aus, schmeckt mega – hast du gut gemacht, Mama.«

Anne lacht.

»Ihr habt gefragt!«, grinst Mama und setzt sich zu ihnen.

Nach dem Essen erzählen sie vom Schultag, machen grobe Pläne fürs Wochenende – dann geht jeder in sein Zimmer. Anne legt sich aufs Bett, macht Musik an und will entspannen. Doch irgendwie gelingt ihr das nicht.

Mamas neue Essensideen gehen ihr nicht aus dem Kopf – und das ist längst nicht alles.

In letzter Zeit macht Mama ständig seltsame Sachen.

Seit kurzem steckt eine Zange im Zahnputzbecher. Hat sie Zahnprobleme?

Daneben: eine Küchenrolle – und ein Glas Kokosöl. Ist das nicht zum Kochen? Warum steht das im Bad?

Und dann war da dieser eine Abend. Papa, Aaron und sie saßen auf der Couch. Plötzlich kam Mama ins Wohnzimmer.

»Entschuldigt, ich muss kurz stören. Könnt ihr den Film anhalten? Ich brauche eure Hilfe. Zeigt mir mal eure Zunge.«

Alle starrten Mama an. Aaron streckte sofort die Zunge raus – er wollte einfach schnell weiterschauen. Papa machte mit, Anne auch.

»Aha ... interessant«, murmelte Mama.

»Wusste ich's! Dein Pitta ist erhöht«, sagte sie zu Papa. »Du solltest weniger Kaffee trinken. Oder Kardamom reinmachen – das macht ihn bekömmlicher.«

»Ihhh, Schatz – das schmeckt doch nicht!«, verzog Papa das Gesicht.

»Ich geb ja nur Tipps«, sagte Mama – und verschwand ins Arbeitszimmer.

Papa drückte auf Play. Aaron und er schauten weiter, als wäre nichts gewesen. Anne starrte sie ungläubig an. Warum findet das keiner seltsam?

Und da war noch mehr.

Mama besteht jetzt auf zwei Stunden »Me-Time« (gesprochen: mi-teim) pro Woche und macht im Wohnzimmer komische Verrenkungen. »Das ist Yoga«, erklärt sie Aaron. Manchmal sitzt sie einfach nur still im Schneidersitz – mit geschlossenen Augen. Wenn sie müde ist, warum legt sie sich nicht einfach aufs Sofa?

Und dann war da noch das mit den Hausaufgaben.

Früher saß Mama daneben, gab Tipps. Jetzt macht sie eigene Aufgaben – liest, tippt am Laptop und murmelt Sätze wie: »Ah, das ist logisch!« oder »Versteh ich nicht!«

Manchmal sagt sie: »Ich bin im Meeting (gesprochen Mi-ting).« Papa nennt es ihre Lerngruppe. Welche Lerngruppe?

Anne kommt zu dem Schluss:

Hier stimmt irgendetwas nicht!

Nachmittags trifft sie sich mit ihrer Freundin Emily. Sie basteln Perlenketten. Dabei erzählt Anne von dem komischen Mittagessen und den anderen seltsamen Sachen.

Emily zuckt mit den Schultern.

»Ach, Erwachsene sind halt manchmal schräg. Meine Eltern haben sich ein Fahrrad für drinnen gekauft. Das steht jetzt im Schlafzimmer. Sie fahren damit – und gucken so ein Programm auf dem Handy. Da schreit einer immer: ›Yeah, das machst du gut! Weiter so! Woohooo!‹«

»Das ergibt ja gar keinen Sinn!«, sagt Anne. »Ein Fahrrad, mit dem man nirgendwohin fährt?!«

»Siehst du«, meint Emily. »Vielleicht denkst du einfach zu viel nach.«

Anne nickt – aber tief in ihrem Inneren ist sie sich

sicher:

Sie will wissen, was da los ist.

Am Abend kuschelt sie sich zu Papa auf die Couch. Mama lernt im Arbeitszimmer, Aaron spielt in seinem Zimmer.

»Papa?«, fragt Anne.

»Ja, mein Herz. Das klingt nach einer Frage«, schmunzelt er.

»Findest du Mama in letzter Zeit nicht auch ein bisschen … na ja … komisch?«

»Deine Mutter war schon immer ein bisschen verrückt – und ich liebe sie dafür«, lacht er.

»Aber was meinst du genau?«

»Naja … heute der Nachtisch zuerst. Ihre eigenen Hausaufgaben. Die Meetings. Das mit der Zunge. Und … die Zange im Bad …«

»Ach das!«, ruft Papa und grinst. »Das kann ich dir genau erklären. Deine Mama macht jetzt Ayurveda.«

Kapitel 2:
Ayur - was?!

»Ayur-was?« Anne schaut Papa verdutzt an.

»Ayurveda«, wiederholt er. »Mama macht jetzt eine Ausbildung zur ayurvedischen Ernährungs- und Gesundheitsberaterin. Das ist der Fachbegriff.

Dafür muss sie natürlich lernen – deswegen auch die ganzen Meetings. Da trifft sie sich mit anderen Lernenden online und hat Seminare mit ihren Lehrern. Und wenn ihr Hausaufgaben macht, nutzt sie die Zeit, um selbst zu lernen. Danach hat sie dann mehr Zeit für euch zwei Mäuse zum Spielen.«

»Ah, das ergibt Sinn«, nickt Anne. »Darauf wäre ich gar nicht gekommen. Aber warum hat sie uns das nicht einfach erzählt?«

»Was hat sie nicht erzählt?« Aaron kommt ins Wohnzimmer gelaufen – offenbar hat er die letzten Worte mitgehört.

»Mama macht jetzt Ayurveda«, erklärt Anne.

»Was ist das denn? Müssen wir da mitmachen? Klingt komisch.« Aaron lässt sich seufzend auf die Couch fallen.

»Das letzte Mal, als sie was Neues ausprobiert hat, mussten wir diese ekligen Shakes (gesprochen Schäiks) trinken. Die haben ganz furchtbar geschmeckt. Wurrggh!«

Papa grinst. »Ich glaube, dieses Mal wird's besser. Wenn man beim Ayurveda den Nachtisch zuerst essen darf, klingt das doch ziemlich vielversprechend.«

»Gutes Argument.« Aaron nickt.

»Dann geben wir ihr mal eine Chance«, sagt Anne versöhnlich.

»Das ist aber nett von euch«, ertönt plötzlich Mamas Stimme. Die drei drehen sich überrascht zur Tür – niemand hatte sie kommen hören.

»Soso, du hast mein kleines Geheimnis also

verraten«, sagt sie zu Papa gewandt.

»Anne hat sich Sorgen um dich gemacht. Da musste ich einfach ehrlich sein«, erklärt er.

»Wirklich? Du hast dir Sorgen gemacht? Das ist ja süß! Warum denn? So sehr habe ich mich doch gar nicht verändert in den letzten Wochen«, meint Mama und setzt sich mit auf die Couch.

»Denkst du«, murmelt Aaron.

»Naja«, beginnt Anne, »der Nachtisch zuerst, dann deine vielen Meetings, die Hausaufgaben, die Zange im Bad ...«

»Dieses Yoga-Ding!«, ruft Aaron dazwischen.

»Stimmt! Und das Schlafen im Sitzen«, ergänzt Anne. »Warum hast du uns nichts gesagt?«

Mama seufzt. »Ehrlich gesagt, hatte ich ein bisschen Angst, dass ich es sonst gar nicht ausprobieren kann – weil keiner von euch mitmachen will. Aaron hat es ja gerade schon gesagt.

Aber der Ayurveda ist wirklich toll. Ich möchte das unbedingt machen. Die Empfehlungen lassen sich Schritt für Schritt gut umsetzen. Und es ist für jeden in unserer Familie etwas dabei.«

Sie kommt in Fahrt.

»Deshalb habe ich mit kleinen Dingen angefangen –

vor allem mit unserem Essen. Ich wollte, dass es bekömmlicher ist, also leichter zu verdauen. So bekommen wir mehr Energie. Mit den ayurvedischen Ernährungsempfehlungen haben wir alle mehr Kraft – für Schule, Arbeit, Hobbys und alles andere.«

Sie schaut Anne und Aaron an.

»Und das Tolle ist: Ihr müsst nicht alles mitmachen. Im Ayurveda ist nämlich jeder Mensch einzigartig. Was für mich oder Papa gut ist, passt vielleicht nicht für euch – und umgekehrt.«

Aaron runzelt die Stirn. »Ich verstehe immer noch nur Bahnhof. Aber wenn ich nicht alles mitmachen muss und trotzdem den Nachtisch zuerst bekomme – bin ich dabei!«

»Ich auch!« Anne lacht. Sie liebt es, wenn Mama für etwas brennt – dann strahlen ihre Augen so schön.

»Weißt du, Mama«, überlegt Anne, »irgendwie klingt das echt spannend und cool. Aber auch ganz schön kompliziert, wenn man dafür eine Ausbildung braucht. Und du redest von Regeln und Empfehlungen – musst du das alles auswendig lernen?«

»Ja, das muss ich – ich werde ja auch geprüft«, erklärt Mama.

»Krass!«, ruft Aaron. »Wie in der Schule?«

»Genau«, nickt Mama. »Und ich muss sogar eine Abschlussarbeit schreiben.«

»Au Backe! Kein Wunder, dass du uns nichts gesagt hast – das klingt echt heftig«, sagt Aaron mit großen Augen.

Anne denkt nach. »Ich finde es total cool, dass du sowas machst.

Das klingt richtig besonders! Bei mir in der Schule kennt niemand Ayurveda. Darf ich dir vielleicht helfen? Vielleicht werde ich ja nach deiner Prüfung ein … ähm …«

»Ein kleiner Ayurvedi?«, schlägt Mama mit einem Lächeln vor.

»Ja! Genau!«

Mama umarmt Anne liebevoll. »Über Lernhilfe freue ich mich riesig.« Sie wirkt erleichtert.

»War also vielleicht doch ganz gut, dass ich das Geheimnis verraten habe«, murmelt Papa, die Augen schon halb zu.

»Vielleicht …«, sagt Mama schmunzelnd und gibt ihm einen Kuss.

»Achtung, Kitsch-Alarm!«, ruft Aaron und springt auf. »Okay, ich gehe freiwillig ins Bett.«

Anne lacht schallend. »Ich geh auch. Höre noch ein bisschen Tonie. Ich finde es echt cool, Mama. Wann starten wir mit dem Lernen?«

»Wenn du magst, gleich morgen früh. Dann verrate ich dir auch das Geheimnis mit der Zange im Bad«, flüstert Mama und kuschelt sich an Papa.

»Okay, geht klar«, sagt Anne, gibt beiden einen Gute-Nacht-Kuss und verschwindet auf ihr Zimmer.

Dort legt sie sich in ihr Bett, hört ihre Lieblingsgeschichte und grinst in sich hinein.

Was auch immer das genau ist – sie hätte nie gedacht, dass das hinter Mamas seltsamem Verhalten steckt.

Und sie ist froh, dass sie sich getraut hat, Papa zu fragen.

Mit einem Lächeln im Gesicht schläft Anne wenige Minuten später ein – begleitet von der beruhigenden Stimme aus ihrer Toniebox.

Kapitel 3:
Die ayurvedische Morgenroutine

»Am nächsten Morgen wacht Anne gut gelaunt auf. Es ist ja schließlich Samstag.

Meistens schläft Anne bis acht, manchmal sogar bis neun Uhr. Aaron schläft meistens eine halbe Stunde länger. Er ist ein richtiger Langschläfer und genießt es, am Wochenende auszuschlafen.

Mama und Papa lieben das auch, aber meistens stehen sie doch etwas früher auf. Papa geht dann schon fürs Wochenende einkaufen, und Mama macht Frühstück und räumt auf. Das ist manchmal ganz schön nervig, weil sie dabei ziemlich laut ist. Aaron beschwert sich oft, warum sie ausgerechnet morgens staubsaugen muss. Das kann man doch auch später machen! Anne findet das nicht ganz so schlimm. Schließlich ist sie ja wach – und außerdem muss sie dann nicht selbst diese Arbeit machen.

Anne hüpft aus dem Bett, zieht sich an und sprintet raus in den Flur. Dort stößt sie fast mit Mama zusammen.

»Guten Morgen! Na, hier hat aber jemand gut

geschlafen und ist fit«, stellt Mama fest.

Anne umarmt Mama und antwortet: »Oh ja, wie ein Murmeltier! Und ich bin so gespannt, was wir heute mit Ayurveda machen! Geht's schon los?«

»Du bist ja echt der Knaller«, lacht Mama. »Ich liebe deine Pitta-Power!«

Sie gibt Anne einen Kuss auf die Backe.

»Ich habe zwar keine Ahnung – beziehungsweise noch keine Ahnung – was das ist, aber du wirst mir das bestimmt verraten!«, quiekt Anne fröhlich.

»Alles!«, zwinkert Mama. »Geh doch schon mal ins Bad, ich bin gleich da. Dann gibt es die erste Lektion in Sachen Ayurveda.«

»Wohuu!«, ruft Anne, dreht sich auf dem Absatz um und läuft ins Bad.

Nur wenig später kommt Mama mit drei Löffeln, einer Thermoskanne und drei Gläsern ins Bad.

»Bist du startklar?«, fragt sie Anne.

»Und wie!«, grinst sie zurück.

»Also«, fängt Mama an, »Ayurveda hat seinen Ursprung in Indien, und das Wort bedeutet übersetzt ›Wissenschaft vom Leben‹. Viele Gelehrte und Ärzte haben sich über Jahrtausende hinweg zusammengesetzt, ihr Wissen geteilt und aufgeschrieben. Darin steht, nach welchen Grundsätzen ein Mensch leben soll, damit er ein gesundes und zufriedenes Leben führen kann.«

Sie schaut Anne an, die ihr aufmerksam zuhört.

»Das war's schon?«, fragt Anne ungläubig.

Mama lacht laut. »Ich habe noch gar nicht angefangen.«

»Ich dachte auch schon«, pfeift Anne erleichtert.

Mama fährt fort: »Das Tolle am Ayurveda ist, dass er den Menschen in seinem Gesamtbild betrachtet. Man untersucht genau seinen Körper, Geist und seine Seele.«

»Okay, was ist eine Seele – und was geht denn hier heute Morgen schon ab?«, fragt ein verschlafener Aaron, der gerade ins Badezimmer gestolpert kommt.

»Wir lernen schon Ayurveda!«, strahlt Anne ihn

freudig an.

»Wir haben Wochenende und keine Schule!«, jammert Aaron.

»Mach doch einfach mit!«, animiert ihn Anne.

»Erst mal guten Morgen, mein Schatz«, sagt Mama und umarmt ihn. »An euch zwei sieht man übrigens sehr gut, dass ihr unterschiedliche Doshas habt.«

»Moment mal, wir waren noch bei der Seele«, erinnert Anne sie. »Nicht gleich so viele Begriffe auf einmal!«

»Oh wow, ich geh am besten wieder schlafen«, murrt Aaron und will sich umdrehen.

Mama und Anne lachen.

»Nein, warte, du Schlafmütze. Ich erkläre nach dem Frühstück mehr, und jetzt machen wir die ayurvedische Morgenroutine. Vielleicht wachst du dann ein bisschen mehr auf und bekommst neue Energie?«, versucht Mama ihn zu überzeugen.

»Eine Chance hast du«, meint Aaron tadelnd.

»Dankeschön«, freut sich Mama.

»Jahu!«, ruft Anne, springt zur Seite und macht ihrem Bruder am Waschbecken Platz.

»Wo waren wir? Richtig, bei der Seele«, setzt Mama wieder an.

»Die Seele ist nichts Materielles. Sie beschreibt eher die Besonderheit und den Charakter – also, wie eine Person ist. Jeder Mensch ist einzigartig und individuell, und im Ayurveda wird deshalb jeder Mensch auch genau so betrachtet.

Die gesamte Heilkunde ist auf die Konstitution und die Doshas ausgerichtet. Was das ist, erkläre ich euch nach dem Frühstück.«

Mama bemerkt Aarons mahnenden Blick.

»Ein wichtiger Grundsatz im Ayurveda lautet: ›Die Gesundheit des Gesunden zu erhalten und den Kranken wieder in seine Gesundheit zu bringen.‹ Dazu gibt es viele Tipps und Empfehlungen. Eine der

wichtigsten Routinemaßnahmen ist die Morgenroutine. Man nennt sie Dinacharya (sprich: Dinakaria).«

»Jetzt kommen wir der Sache endlich näher!«, ruft Anne.

»Endlich! Und weiter ...«, brummelt Aaron.

Mama kann sich ein Kichern nicht verkneifen. »Ein bisschen muss ich vorher erklären, sonst versteht ihr wirklich nichts.«

»Weiter!«, fuchtelt Anne mit der rechten Hand.

»Okay«, beginnt Mama. »Die Dinacharya ist ein umfassendes Reinigungsprogramm – zur körperlichen Reinigung und geistigen Erfrischung. Also gerade wenn man so ein süßer Brummelbär wie dieser hier ist, dann ist sie ein super Starter-Paket in den Tag.«

Sie wuschelt Aaron durch die Haare.

»Hahaha«, murmelt Aaron. »Witzig!«

»Machen wir die jetzt?«, fragt Anne aufgeregt.

»Jap«, antwortet Mama. »Schritt Nummer eins: Das Trinken von warmem Wasser.«

Sie reicht Anne und Aaron jeweils ein Glas und schenkt aus der Thermoskanne ein.

»Das Trinken von warmem Wasser befreit von den

ganzen negativen Einflüssen – zum Beispiel vom Vortag – und kurbelt unser Agni an. Agni ist das Verdauungsfeuer. Wenn das nicht richtig funktioniert, entstehen Störungen und Krankheiten. Aber dazu erzähle ich euch irgendwann noch mehr, wenn ihr wollt. Ich will mich ja kurz halten.«

Sie lächelt Aaron an und zwinkert Anne zu. Beide trinken einen Schluck.

»Nein, nein – ihr solltet schon das ganze Glas trinken. Das fördert die Verdauung, damit ihr später hoffentlich gut auf die Toilette gehen könnt. Außerdem wird euer Kopf klar, und ihr fühlt euch gestärkt.«

»Na ja, ob das so ist, werden wir noch sehen«, wirft Aaron ein.

»Du bist aber ganz schön kritisch«, stellt Anne fest.

»Klaro! Irgendjemand muss Mama ja auch testen und auf ihre Prüfung vorbereiten. Herr Brichel ist auch mega streng«, erklärt er selbstverständlich.

»Ihr zwei seid meine schönsten und besten Ratgeber«, erwidert Mama. »Bereit für Schritt Nummer zwei?« Beide nicken.

»Der Ayurveda empfiehlt, sehr früh aufzustehen, da sich die Morgenstunden am besten für Meditation und ganzheitliche Reinigungsmaßnahmen eignen. Die reichen von spirituellen Übungen, Yoga, Massage, Gesicht waschen, Duschen bis hin zur Dinacharya. Wir kürzen das Ganze ab und machen nur die Dinacharya.«

»Gott sei Dank«, murmelt Aaron.

Anne lacht. »Was kommt denn jetzt?«, will sie wissen.

»Gandusha (gesprochen: Ganduscha) – das Ölziehen.«

Mama drückt beiden einen Esslöffel in die Hand und nimmt sich selbst einen mit Kokosöl. Sie fordert die beiden auf, es ihr gleichzutun.

Nachdem jeder seinen Löffel voll hat, gibt Mama die nächste Anweisung: »Ab in den Mund damit!«

»Echt jetzt?«, schaut Aaron sie entgeistert an.

»Mach einfach«, fordert Anne ihn auf und lässt ihren Löffel im Mund verschwinden.

»Un jetzfff?«, fragt sie mit vollem Mund.

»Jetzt zieht ihr das Öl durch die Zähne und gurgelt ein paar Minuten damit im Mund herum.«

Ein bisschen widerwillig nimmt Aaron den Löffel in den Mund und beginnt mit der Prozedur. Mama macht mit, und so stehen alle drei am Waschbecken und gurgeln wie die Weltmeister.

Während sie so dastehen, muss Anne plötzlich das Lachen unterdrücken. Es sieht so lustig aus, wie jeder vor sich hin gurgelt.

Lachen ist ansteckend, und so fängt auch Aaron irgendwann an, sich die Hand vor den Mund zu halten, bevor das Öl aus seinem Mund sprudelt.

Mama greift hektisch zur Küchenrolle, reißt jeweils ein paar Blätter ab und drückt sie beiden in die Hände. Sie spuckt ihr Öl aus und ruft: »Hierein, hierein!«

Anne und Aaron tun es ihr gleich – und brechen dann in schallendes Gelächter aus.

»Was machst denn du für Geräusche beim Gurgeln?«, fragt Anne Aaron und hält sich vor Lachen den Bauch. »Das hört sich eher nach etwas anderem an.«

»Ich glaube, du hast dich selbst gehört, du Pupsi«, antwortet Aaron ihr gespielt empört.

»Pupsi ist ein gutes Stichwort«, sagt Mama. »Im Ayurveda spielt der Stuhlgang eine ganz wichtige Rolle. Durch die Form, die Farbe und den Geruch des Toilettengangs kann man feststellen, ob man eine gesunde Verdauung hat oder ob eine Störung vorliegt. Die Morgentoilette sowie alle anderen natürlichen Bedürfnisse sollten deswegen nicht unterdrückt werden. Also gurgeln, rülpsen, pupsen – alles erlaubt!«

Aaron geht vom Lachen ins Nase rümpfen über.

»Okay, jetzt wird es ein bisschen eklig!«

»Wieso? Das gehört doch dazu. Ich gehe lieber aufs Klo, als Bauchschmerzen zu haben«, entgegnet ihm Anne.

»Sitzt Papa deshalb so lange auf der Toilette, weil er auch Ayurveda macht?«, fragt sie Mama.

Mama lacht herzlich. »Das glaube ich zwar nicht, aber du kannst ihn gerne irgendwann mal fragen.«

»Putzen wir eigentlich auch noch die Zähne?«, fragt Aaron.

»Ja klar – aber erst kommt noch Schritt drei. Bereit?« Sie zieht die Zange aus dem Becher, spült die Esslöffel und reicht sie beiden wieder.

»Oh, kommt jetzt die Zange?«, ruft Anne aufgeregt.

»Oh ja«, sagt Mama mit funkelnden Augen.

»Das Ding sieht gefährlich aus«, stellt Aaron trocken fest.

»Ja, so ein bisschen wie beim Zahnarzt. Ich bin mir nicht sicher, ob ich das gleich machen möchte«, zweifelt nun auch Anne ein bisschen. Sie mag den Zahnarzt überhaupt nicht!

»Ach Quatsch!«, beruhigt Mama. »Das ist ein Zungenschaber. Damit entfernt man den Belag – also Giftstoffe und ungesunde Ablagerungen – auf der Zunge. Wenn man das macht, trägt das zur täglichen Gesunderhaltung der Mundschleimhaut und somit des Körpers bei. Wenn man keinen Zungenschaber hat, kann man das auch einfach mit einem Ess- oder Teelöffel machen. Schaut mal, so funktioniert es.«

Sie demonstriert Schritt drei und nimmt mit beiden Händen den Zungenschaber.

Mit der dickeren Stelle schabt sie die Zunge von hinten nach vorne und schnipst den Belag ins Waschbecken.

»Okay, das sieht leicht aus«, sagt Aaron und legt sofort mit seinem Teelöffel los. Doch nach dem ersten Schaben fängt er an zu würgen und ruft: »Aua!«

»Du Rübe, doch nicht so brutal«, appelliert Mama. »Nicht zu weit hinten, das aktiviert den Würgereflex. Und wenn du zu fest an der Zunge reibst, verletzt du deine Geschmacksknospen.

Die sollen ja durch das Entfernen des Belags frei werden, damit wir das Essen und die Gewürze besser schmecken können.«

»Ach so«, murmelt Aaron – und ist schon

wieder fleißig am Schaben.

Anne fängt nun auch an – zunächst ganz vorsichtig, bevor sie ihren optimalen Druck gefunden hat.

»Wie oft soll man denn schaben?«, fragt sie.

»So drei-, viermal reicht«, antwortet Mama.

Nachdem sie die Löffel abgespült haben, geht es endlich mit dem Zähneputzen weiter. Während sie die Zahnpasta zum Schäumen bringen, erklärt Mama:

»Schritt vier ist dann ganz normales Zähneputzen.

Wenn man noch Zeit und Lust hat, kommen noch ein paar Empfehlungen.

Es folgt zum Beispiel das Nasenspülen. Die Profis nehmen dafür so eine kleine Gießkanne – die heißt Neti-Kännchen. Da kommt dann Wasser mit etwas Salz rein, am besten Steinsalz. Man hält den Kopf zur Seite geneigt über das Waschbecken und gießt sich das Wasser in das eine Nasenloch.«

Sie macht die Bewegung vor.

»Aus dem anderen Nasenloch fließt dann das Wasser, und die Nase wird gespült.«

Anne und Aaron schauen sie skeptisch an.

»Das sieht nicht so angenehm aus«, stellt Anne fest. »Tut das nicht weh? Das fließt doch auch den Hals runter?«

»Nein, das Wasser fließt nur durch den Nasenkanal. Magst du es probieren? Ich habe zwar kein Kännchen da, aber ...«, begeistert sich Mama.

»Nee, das lasse ich lieber. Ich traue mich das noch nicht«, wirft Anne direkt ein und winkt ab.

Aaron schüttelt vorsichtshalber gleich den Kopf. »Das möchte ich auch nicht.«

»Kein Problem«, lächelt Mama.

»War's das dann?«, fragt Aaron. »Ich habe jetzt echt richtig Kohldampf!«

»Theoretisch kommt dann noch Nasya. Da nimmt man ein bestimmtes Öl und tropft sich in jedes Nasenloch einen Tropfen hinein – und zieht es hoch. Das hat eine ähnliche reinigende Wirkung wie das Ölziehen. Außerdem wird noch eine Selbstmassage empfohlen. Der Fachbegriff dafür ist Abhyanga (sprich: Abjanga). Man kann auch Yoga machen oder meditieren und anschließend duschen.«

»So viel?«, fragt Anne erstaunt.

»Dafür braucht man doch mindestens zwei Stunden, bis man das alles durch hat. So klingt Ayurveda mega anstrengend!«

»Das schafft doch keiner«, pflichtet Aaron ihr bei.

»Der Ayurveda gibt Empfehlungen, wie du das Beste für dich selbst herausholst. Wie viel du davon umsetzt, bleibt ganz dir überlassen«, erklärt Mama. »Es gibt Menschen, denen tut diese Routine extrem gut, und sie sind bereit, dafür auch morgens früher aufzustehen. Übrigens sagt der Ayurveda, man soll zwischen fünf und sechs Uhr morgens aufstehen.«

»Kann ich mir vorstellen«, pflichtet ihr Anne bei. »Anders schafft man das alles ja auch nicht.«

Mama lacht. »Das könnte man meinen. Der eigentliche Grund ist aber ein anderer: Morgens ist Kapha-Zeit (gesprochen: Kaffa). Und die Dinacharya bringt dann Schwung und Energie in den Körper.«

»Cool. Was ist Kapha?«, will Anne weiter wissen.

»Boah, wie kann man morgens so viel Energie haben?«, platzt es aus Aaron heraus. »Ich hab gleich gar keine mehr, wenn ich nicht sofort was zu essen kriege!«

»Um Gottes willen – das wollen wir nicht. Dann jetzt schnell runter zu Papa. Dort warten schon leckere Pancakes (gesprochen: Pankäks) auf euch.«

»Ja, man!«, ruft Aaron freudig. Schon rennt er aus dem Badezimmer – man hört nur noch seine Schritte, wie er die Treppe ins Esszimmer runterläuft.

»Typisch Aaron, immer essen«, bemerkt Anne.

Lächelnd nimmt sie Mama in den Arm.

»Komm, wir gehen auch runter. Nach dem Frühstück erkläre ich dir noch ein paar Begriffe. Dann hast du heute schon eine ganze Menge über Ayurveda gelernt.«

»Oh ja, danke«, sagt Anne und drückt ihre Mama liebevoll.

Sie gehen runter an den Frühstückstisch, wo auch schon Aaron und Papa Christian sitzen.

»Und, seid ihr jetzt ayurvedisch gestärkt und gereinigt?«, fragt Papa mit einem breiten Grinsen.

»Sowas von«, brabbelt Aaron mit dem Mund voller Pancakes. »Ich brauch noch mehr Stärkung. Her mit den Pfannkuchen!«

Alle lachen. Die Familie lässt sich die Pancakes schmecken und überlegt, was sie dieses

Wochenende noch erleben wollen.

»Gehen wir heute eigentlich in den Zoo?«, will Anne wissen.

»In den Zoo?«, fragt Papa.

»Ja, wir hatten gestern überlegt, ob wir heute gehen. Erstens ist es vielleicht nicht so voll – und zweitens hat Aaron ja morgen ein Fußballspiel. Nächsten Sonntag kommen dann meine Eltern ...«, zählt Mama auf.

»Yeah! Oma und Opa kommen!«, rufen Anne und Aaron gleichzeitig.

»Ja, die wollen euch zwei Chaoten unbedingt wiedersehen«, freut sich Mama.

»Coolio, läuft bei uns«, sagt Anne.

»Also, von mir aus können wir heute gehen. Einkaufen war ich schon. Dann machen wir uns einen schönen Tag. Wann wollen wir los?«, fragt Papa.

»Jetzt gleich. Ich bin fertig!«, springt Aaron von seinem Stuhl auf. »Ich zieh mich schon einmal an.«
Schon rennt er die Treppe wieder rauf und verschwindet in seinem Zimmer.

»Und was ist mit den anderen tollen Begriffen?«, fragt Anne verschmitzt.

»Wollen wir die Autofahrt nutzen, damit ich dir das erläutern kann?«, fragt Mama.

»Gute Idee«, stimmt Anne zu. »Ich mach mich auch fertig.«

Sie erhebt sich vom Stuhl, geht in ihr Zimmer und macht sich für den Besuch im Zoo bereit. Während sie sich anzieht und den Rucksack packt, überlegt sie noch einmal die Schritte der Morgenroutine.

Eigentlich war das ganz okay. Das Ölziehen war am Anfang etwas befremdlich im Mund – aber man kann sich gut daran gewöhnen, dachte sie sich.

Sie nimmt sich vor, jetzt jeden Morgen diese Schritte durchzuführen.

Mal schauen, ob sie dann noch mehr Energie hat als sonst – und ob Mama damit recht hat.

Kapitel 4:
Ein Zoobesuch mit anderer Perspektive

Gegen zwölf Uhr sind alle vier fertig und sitzen im Auto. Das Navi sagt: 35 Minuten.

»Los geht's!«, ruft Papa gut gelaunt. »Was wollt ihr hören? Musik, Hörspiel, Podcast…?«

»Mama ist heute unser Podcast!«, schlägt Anne vor. Papa grinst und legt sofort los:

»Alles klar! Heute haben wir einen ganz besonderen Gast bei uns. Es ist eure Ayurveda-Mami, die euch mitnimmt in die fantastische Welt des Ayurveda. Freut euch auf spannende 30 Minuten voller Wissen und Geschichten. Viel Spaß!«

Anne und Aaron jubeln und klatschen begeistert auf der Rückbank. Mama lacht laut.

»Na los, dein Publikum wartet!«, ermuntert Papa sie.

»Ja, mach schon!«, rufen beide.

»Wir wollen alles über Kaffee-Zeit wissen!«

»Kaffee-Zeit?«, fragt Mama irritiert und dreht sich um. »Darüber haben wir heute Morgen doch gar nicht gesprochen…«

»Doch!«, sagt Anne. »Du hast gesagt, im Ayurveda soll man wegen der Kaffee-Zeit früher aufstehen, um die Dinacharya zu machen.«

Mama lacht. »Ach so! Du meinst die Kapha-Zeit – nicht Kaffee! Im Ayurveda...«

»Moment!«, unterbricht Papa lachend. »Das ist aber ein komischer Start für einen Podcast. Ein bisschen mehr Spannung, bitte!«

Er schaut grinsend in den Rückspiegel.

»Genau, Mama, ein bisschen mehr Action!«, fordert Aaron.

»Okay, okay«, sagt Mama gespielt ernst.

»Willkommen im Reich des Ayurveda, liebe Kinder! Nachdem wir die Dinacharya – also die ayurvedische Morgenroutine – kennengelernt haben, geht es heute um die Doshas und die Konstitution. Seid ihr bereit?«

Ein lautes »Jaaa!« schallt von der Rückbank.

»Sehr gut! Also: Die drei Doshas (gesprochen Doscha) heißen Vata (gesprochen Wata), Pitta und Kapha (gesprochen Kaffa). ‚Dosha‘ bedeutet wörtlich: das, was sich verändern oder auch verderben kann – also etwas, das aus dem Gleichgewicht geraten kann.

Schon bei der Geburt ist festgelegt, welcher Grundtyp man ist – das nennt man Prakriti.«

»Also doch kein Kaffee!«, ruft Anne und lacht.

»Richtig! Und was genau ist die Konstitution?«

»Oh, das kann ich erklären!«, mischt sich Papa ein.

»Oho, jetzt bin ich aber gespannt!«, sagt Mama neugierig.

»Papa lernt auch mit mir Ayurveda!«, sagt sie stolz.

»Ooooh lalala!«, rufen beide Kinder grinsend.

»Papa, wir sind gespannt!«, ruft Aaron.

»Also: Im Ayurveda wird jeder Mensch ganz individuell betrachtet. Jeder hat seine eigene Konstitution – das heißt: seinen Körperbau, Haut, Haare, Figur… Aber auch die Lebensumstände spielen eine Rolle: Wo wohnt und arbeitet man? Wie ist das Klima, wie sind die Jahreszeiten? All das beeinflusst, wie es einem geht«

Mama klatscht anerkennend. »Bravo!«

»War's richtig?«, wollen Anne und Aaron wissen.

»Alles richtig!«, sagt Mama stolz und klopft Papa auf die Schulter. »Sehr guter Schüler!«

»Das können wir auch!«, ruft Anne. »Wir überholen dich noch, Papa!«

»Challenge accepted!« (gesprochen: tschallensch asseptet – das heißt: Wette angenommen), sagt Papa lachend.

»Also, zurück zum Thema«, sagt Mama.

»Jeder Mensch trägt alle drei Doshas in sich – aber in unterschiedlicher Mischung. Manche haben ein vorherrschendes Dosha, andere eine Mischform wie Vata-Pitta. Und wer alle drei Doshas gleich stark hat, ist ein Tridosha-Typ.«

»Hmmmm...«, murmeln Anne und Aaron nachdenklich.

»Ganz einfach erklärt: Wenn alle drei Doshas im Gleichgewicht sind, geht es uns gut. Aber durch falsche Ernährung, zu viel Stress oder bestimmte Gewohnheiten kann dieses Gleichgewicht gestört werden – und dann entstehen Beschwerden oder sogar Krankheiten.«

»Okay«, sagt Anne. »Aber… was genau sind jetzt die Unterschiede zwischen Vata, Pitta und Kapha?«

»Jetzt wird's spannend!«, ruft Papa dramatisch.

»Ach, das ist gar nicht so schwer«, meint Mama.

»Hört gut zu: Vata kommt von dem Wort ‚va' – das bedeutet Bewegung. Alles, was sich im Körper bewegt, gehört zu Vata: Atmung, Herzschlag, Verdauung, auch das Nervensystem.

Vata-Menschen sind meist zierlich – entweder klein und schmal oder groß und schlank.

Vata

Sie sind kreativ, ideenreich und schnell begeistert. Ihre Eigenschaften sind: trocken, kalt, leicht, fein, beweglich und rau.«

»Dann ist Anne auf jeden Fall Vata!«, meint Aaron überzeugt.

»Kann gut sein – sie hat auf jeden Fall viel davon«, nickt Mama. »Aber warten wir mal die anderen ab.«

»Pitta«, fährt Mama fort, »leitet sich vom Wort ‚tapa'
ab – das heißt Hitze. Pitta steht für den Stoffwechsel,
die Verdauung, aber auch für Intelligenz und
Willenskraft.
Pitta-Typen sind meist mittelgroß, sportlich und
zielstrebig.«
»Also wie Papa früher!«, ruft Aaron frech.

Pitta

»Danke auch!«, sagt
Papa gespielt beleidigt.
Anne und Aaron lachen.
»Jetzt ist eh zu spät für
Revanche«, grinst Mama.
»Also weiter mit Kapha.
Das kommt von ‚ka' für
Wasser und ‚slis' für
Umarmen. Es steht für
Stabilität, Zusammenhalt
und Struktur im Körper.

Kapha-Typen sind kräftig gebaut, haben große Augen, volle Lippen und dicke Haare. Sie sind geduldig, ruhig und lieben Routinen.
Und: Sie genießen gutes Essen!«
»Ganz klar Opa!«, ruft Anne.
»Mit seinem großen Bauch!«, ergänzt Aaron lachend.

Kapha

»Wobei Papas und Opas Bäuchlein eher ein Kapha-Überschuss ist - nicht ihre Grundkonstitution«, erklärt Mama.
»Jetzt wird's persönlich«, murmelt Papa. »Können wir bitte bei Opa bleiben?«
Anne und Aaron lachen.

»Ich sag ja nur die Wahrheit!«, verteidigt sich Mama.

»Die kann manchmal weh tun, Papa!«, grinst Anne.

»Zum Glück machst du Ayurveda – dann kriegst du dein Dosha wieder in Balance!«, kichert sie.

»Themenwechsel!«, ruft Papa.

»Nix da, nicht ablenken!«, lachen Anne und Aaron.

»Ich glaube, wir sind gleich da«, sagt Mama. »Ich habe schon ein Schild gesehen.«

»Nur noch zwei Minuten laut Navi. Ah, da ist der Parkplatz!«, ruft Papa.

Sie fahren auf den Parkplatz, steigen aus und machen sich auf den Weg.

Am Eingang kaufen sie Tickets und ein paar Tüten Tierfutter für den Streichelzoo.

»Wohin zuerst?«, fragt Mama.

»Löwen, Tiger, Elefanten – und auf jeden Fall in den Streichelzoo!«, ruft Aaron.

»Erstmal auf den Plan schauen«, sagt Mama und kramt in ihrer Tasche. »Ich hab einen eingesteckt.«

»Na klar«, sagt Papa. »Deine Orientierung ist ungefähr so gut wie die eines Plattfischs.«

Mama wirft ihm einen genervten Blick zu, Anne lacht herzlich.

»Gib Anne den Plan«, schlägt Aaron vor. »Die hat immer den Durchblick. Wortwitz!«

»Da hat er recht«, meint Papa.

»Vielen Dank für das Vertrauen«, sagt Anne selbstbewusst und studiert den Parkplan.

»Ich würde sagen, wir gehen links herum: Erst der Streichelzoo, dann die Seehunde, das Exotarium und dann Richtung Löwen und Tiger. Und zwischendurch schauen wir einfach, was uns so begegnet.«

»Perfekt. Auf geht's!«, sagt Papa.

»Moment mal«, wendet sich Mama an Aaron. »Du hast doch gesagt, Anne ist Vata. Und wer steht für Organisation, Struktur und Zielstrebigkeit?«

»Pitta!«, sagt Aaron nach kurzem Überlegen.

»Ganz genau. Und was ist Anne dann?«

»Ein Vata-Pitta!«, sagt er stolz.

»Richtig – 100 Punkte für dich!«, lobt Mama.

Anne grinst. »Cool! Ich finde meine Doshas richtig gut.«

»Und was bin ich?«, fragt Aaron neugierig.

»Das finden wir noch gemeinsam raus«, sagt Mama. »Anne, was denkst du?«

»Auf jeden Fall etwas mit Kapha«, überlegt sie.

»Stimmt!«, sagt Mama.

»Na dann, sprintet dem Kapha mal hinterher!«, ruft Aaron lachend – und rennt los in Richtung Streichelzoo.

Aaron ist längst losgelaufen, und der Rest der Familie folgt ihm fröhlich.

Beide Kinder stürmen in den Streichelzoo – und werden von den Ziegen fast überrannt. Eine besonders freche Ziege bedrängt Anne so sehr, dass ihr das komplette Futter aus der Hand fällt.

Sofort tummeln sich mindestens zehn Ziegen auf einem Haufen, um sich die Leckereien zu schnappen. Anne kann sich gerade noch in Sicherheit bringen, bevor sie selbst unter die Hufe gerät.

Nach diesem turbulenten Start geht es weiter – wie von Anne geplant.

Bevor sie das Raubkatzenhaus erreichen, machen sie einen Rundgang durch das Exotarium. Im Erdgeschoss gibt es viele Aquarien mit Fischen, Schildkröten, Seesternen, Pinguinen und bunten Korallen.

In der Mitte des Raumes steht eine riesige, beleuchtete Weltkugel. Auf ihr ist zu sehen, aus welchen Regionen die Tiere im Exotarium und im gesamten Zoo stammen.

Sie setzen sich auf eine Bank und machen eine Trinkpause. Während sie auf das Tropenbecken schauen und das bunte Treiben der Tiere beobachten, fragt Aaron plötzlich:

»Gibt es im Ayurveda eigentlich auch Tiere?«

»Gute Frage!«, sagt Anne bewundernd. »Und wenn ja – haben Tiere auch Doshas?«

»Wow! Ihr zwei seid richtig helle Köpfchen«, sagt Mama stolz. »Schaut mal auf die Weltkugel«, beginnt sie zu erklären.

Die Kinder beugen sich neugierig vor.

»Ein wichtiger Punkt im Ayurveda ist die Einheit von Mensch und Natur. Man sagt auch: Der Mensch ist der Mikrokosmos des Makrokosmos. Das bedeutet, er ist wie eine kleine Abbildung des gesamten Universums. Alles – die Natur, die Menschen und auch die Tiere – hängt miteinander zusammen. Alles ist durch die Doshas beeinflusst.«

»Nehmt zum Beispiel die Meere, die ihr auf der Weltkugel seht«, fährt Mama fort.

»Ihr Rhythmus ist geprägt von den Doshas. Vielleicht erinnert ihr euch an unseren letzten Mallorca-Urlaub: Morgens war das Meer still und ruhig – wie Kapha.

Mittags wurde es wärmer, perfekt zum Schwimmen – das war Pitta. Und am Nachmittag, zur Vata-Zeit, wurde es unruhig und wellig, manchmal sogar stürmisch.«

Beide Kinder nicken.

»Schaut euch auch mal die Flüsse auf der Kugel an. Die Verzweigungen und Bahnen sehen den Blutbahnen in unserem Körper ziemlich ähnlich.«

»Krass, das ist mir noch nie aufgefallen!«, ruft Papa überrascht.

»Mama hat's drauf!«, kommentiert Aaron anerkennend und nimmt einen weiteren Schluck aus seiner Wasserflasche.

Mama grinst. »Danke.«

»Gerne«, sagt Aaron.

»Und wie ist das jetzt mit den Tieren?«, fragt Anne neugierig.

»Bei den Tieren gilt das gleiche Prinzip wie beim

Menschen«, erklärt Mama.

»Vata-Tiere sind meistens sensibel, klein und fein – oder auch groß und schlank – und sie bewegen sich viel. Fallen euch welche ein? Schaut euch ruhig weiter auf der Weltkugel um.«

Anne und Aaron überlegen.

»Fische?«, beginnt Aaron zögerlich.

»Könnte sein«, sagt Anne. »Aber ein weißer Hai oder der Riesige da hinten im Aquarium ist doch eher Kapha, oder?«, fragt sie Mama.

»Ganz richtig«, nickt Mama. »Bei den Tieren ist es wie bei den Menschen: Manche lassen sich klar einem Dosha zuordnen, bei anderen ist es eine Mischform – oder bestimmte Eigenschaften sind besonders ausgeprägt.«

»Dann vielleicht auch die Rehe, die wir vorhin gesehen haben«, sagt Anne.

»Sehr gut!«, lobt Mama.

»Die Giraffen«, ergänzt Aaron.

»Und alles, was klein und wuselig ist – wie die Insekten und Spinnen hier im Exotarium«, mischt sich Papa ein.

»Stimmt«, sagt Mama.

»Pitta-Tiere hingegen sind eher muskulös,

temperamentvoll und schnell reizbar.«

»Ganz klar: Löwen und Tiger!«, ruft Aaron.

»Naja, ich würde sagen: alle Raubtiere!«, wirft Anne ein.

»Sehr gut!«, bestätigt Mama. »Dann bleiben eigentlich nur noch die dickfelligen und schweren Tiere für Kapha.«

»Also Elefanten, Nashörner, Flusspferde...«, zählt Aaron auf.

»Ich sehe, ihr habt's verstanden«, sagt Mama zufrieden.

»Wenn man das Prinzip einmal kapiert hat, ist es eigentlich gar nicht so schwer«, meint Anne.

»Aber wollen wir jetzt weiter?«, fragt Aaron ungeduldig.

»Klaro!«, ruft Anne und hüpft von der Bank. Die drei

anderen folgen ihr.

Im Obergeschoss bestaunen sie weitere Aquarien – diesmal mit Insekten, Spinnen und Schlangen. Anne gruselt sich ein wenig vor den Vogelspinnen. Irgendwie sind die ihr nicht geheuer.

Die Tour geht weiter: vom Exotarium zum Raubkatzenhaus, über das Affenhaus bis zu den Seehunden.

Nach all den Stunden und dem vielen neuen Wissen haben sich die vier eine Essenspause verdient. Wie passend, dass direkt am Seehundgehege ein Imbiss steht.

Papa holt auf Wunsch für alle eine Portion Pommes mit Currywurst.

Anne und Aaron haben riesigen Hunger und fangen gleich an zu mampfen.

»Sind Pommes ayurvedisch?«, fragt Aaron.

»Ich glaube nicht«, lacht Anne. »Die sind ja schon ohne Ayurveda nicht besonders gesund.«

Mama nickt. »Seht ihr – Frage schon fast beantwortet.«

»Nicht ganz!«, wirft Papa ein.

»Das kann ich jetzt erklären – hab ich schließlich von meiner Frau gelernt. Die hat mir meine Essgewohnheiten in der Kantine auseinandergenommen.«

»Hört, hört!«, ruft Anne.

»Papa, hau raus!«, brabbelt Aaron mit Currywurst im Mund.

»Also: Pommes werden in heißem Öl frittiert. Solche Speisen erhöhen Pitta. Außerdem schwächt Fast Food unser Agni – das ist das Verdauungsfeuer – und das kann auf Dauer zu Störungen oder Krankheiten führen.«

Mama sagt nichts – sie gibt Papa einfach einen dicken Kuss.

»Ich glaube, das war die richtige Antwort«, stellt Anne fest.

Mama zwinkert.

Nach dem Essen macht Anne einen neuen Plan, was

sie noch alles sehen wollen. Nach einer kurzen Diskussion setzen sie ihren Weg fort.

Zwei Stunden später sind alle müde – und fast alles im Zoo wurde besichtigt. Also macht sich Familie Hanken auf den Heimweg.

Am Abend liegt Anne in ihrem Bett und denkt an den ereignisreichen Tag zurück.

Am Anfang fiel es ihr ganz schön schwer, sich all die Begriffe und Bedeutungen zu merken. Aber jetzt, wo sie das System der ayurvedischen Denkweise einmal verstanden hat, erscheint alles ganz logisch.

Vata, Pitta und Kapha – sie sind überall: in jedem Menschen, in jedem Tier, in der Natur und sogar im Meer.

Mama hatte gesagt, dass man oft nicht auf den ersten Blick erkennen kann, welches Dosha bei jemandem vorherrscht. Selbst Experten und Professoren brauchen Zeit, viele Fragen und genaue Beobachtungen, um das Dosha oder die Prakriti zu bestimmen.

Umso stolzer war Anne, dass sie heute schon mitdenken und sogar die Tiere zuordnen konnte – fast wie eine kleine Ayurveda-Expertin.

Kapitel 5:
Waffeln mit Aloe Vera

Der Sonntag und die darauffolgende Woche vergehen wie im Flug.

Anne und Aaron versuchen, die Dinacharya in ihren Morgen einzubauen. Bei Anne funktioniert das ganz gut. Am Anfang muss sie noch überlegen, welcher Schritt wann kommt. Aber schon am vierten Tag hat sie den Dreh raus.

Aaron hat leider einmal richtig lange verschlafen. Durch den Stress, der dadurch entstand, konnten sich alle nicht richtig fertig machen. Mama und Papa waren extrem genervt und haben sich gegenseitig angezickt. Aaron war nur am Rummaulen, weil er noch müde war. Ayurvedisch war dieser Morgen ganz und gar nicht.

Und dieser holprige Start zog sich durch den ganzen Tag. Bei Papa lief es auf der Arbeit nicht gut. Anne bekam eine schlechte Mathearbeit zurück. Und Aaron war die ganze Zeit mies drauf.

Mama versuchte, mit gutem Essen die Stimmung zu retten – doch leider ist die Hälfte angebrannt. Das frustrierte sie so sehr, dass ihre Laune auch nicht besser wurde.

Am Abend zieht sich jeder in sein Zimmer zurück.

Anne hört ihre Lieblingstonie, aber so richtig Lust hat sie nicht. Schließlich schaltet sie aus und schleicht ins Wohnzimmer. Mama sitzt auf einem Kissen und scheint zu schlafen.

Anne will sich leise wieder zurückziehen. Sie möchte heute Abend niemanden stören – und vor allem Mama nicht aufwecken. Doch zu spät.

»Ja, was möchtest du?«, sagt Mama – die Augen immer noch geschlossen.

»Ich wollte dich nicht stören, entschuldige«, flüstert Anne. »Schlaf ruhig weiter, ich gehe wieder nach oben.«

»Ich habe nicht geschlafen«, antwortet Mama. Sie öffnet langsam die Augen und klopft neben sich auf das Kissen – eine Einladung, sich zu ihr zu setzen.

Anne setzt sich im Schneidersitz zu ihr auf den Boden.

»War ein doofer Tag heute«, beginnt Mama die Unterhaltung.

»Ja, irgendwie schon«, murmelt Anne.

»Manchmal gibt es halt so Tage«, zuckt Mama mit

den Schultern.

»Ich versuche abzuschalten, aber selbst meine Tonie nervt mich. Ich muss die ganze Zeit an Mathe denken. Ich hab so viel für die Arbeit gelernt«, seufzt Anne.

»Geht mir genauso. Ich versuche zu meditieren, um den Stress loszuwerden – aber auch das klappt heute irgendwie nicht«, schnauft Mama.

»Was sagt denn der Ayurveda zu so einer Situation? Hat er da Tipps?«, will Anne wissen.

»Na ja, du kannst meditieren oder Atemübungen machen. Das beruhigt das Nervensystem – und damit auch das überschüssige Vata. Und im besten Fall auch die Gedanken. Wobei das heute bei mir leider auch nicht funktioniert«, sagt Mama und lächelt schief.

»Ach so, du meditierst. Ich dachte immer, du schläfst«, sagt Anne und muss grinsen.

Mama kichert. »Nein, ich übe mich seit Beginn der Ausbildung in Meditation. Und ich mache Yoga – das sind verschiedene… ich nenn's mal Turnübungen. Dabei achtet man auch auf den Atem. Für einen stressigen Vata-Tag wie heute ist das prima.«

»Muss man bei dieser Meditation immer sitzen?«,

fragt Anne neugierig.

»Nicht unbedingt. Es gibt Meditationen im Sitzen – aber auch im Liegen.«

»Und an was denkt man da?«, will Anne wissen.

»Am besten an gar nichts. Denn das entlastet deinen Geist.«

»Krass«, platzt es aus Anne heraus. »Wie kann man denn an nichts denken? Das geht doch gar nicht!«

»Doch, das geht – aber man muss es üben. Loslassen von Gedanken oder überhaupt loslassen ist gar nicht so leicht. Und wie du siehst – auch mir fällt das an Tagen wie heute richtig schwer.«

»Also lassen wir's und bleiben zickig«, sagt Anne frech.

Mama lacht. »Launen zu akzeptieren, ist, glaube ich, auch ein Lernprozess.«

Dann fragt sie: »Wir könnten aber mal eine geführte Meditation zusammen machen. Hättest du Lust?«

Anne schaut skeptisch. »Ich dachte, man soll bei der Meditation an nichts denken. Wohin gehen wir denn dann?«

Mama lacht laut. »Es gibt auch Meditationen mit einem Thema. Eine Stimme begleitet dich – das ist wie eine Reise. Ich hab da neulich eine App runtergeladen. Warte…«

Sie steht auf und holt ihr Handy.

»Hier – 'Gute-Nacht-Meditation' oder 'Entspannung'. Was wollen wir nehmen?«

»Mhhh…«, überlegt Anne. »Die Gute-Nacht-Meditation klingt gut.«

»Okay, dann machen wir die. Vielleicht geht's uns danach besser – und wir können nach diesem

doofen Tag wenigstens gut schlafen. Möchtest du sitzen oder lieber liegen?«

»Sitzen wie du«, entscheidet Anne. Mama holt ihr ein Kissen. Anne setzt sich im Schneidersitz darauf.

»Bist du bereit für deine erste Meditation?«, fragt Mama.

»Oh ja, ich bin gespannt.«

»Na hoffentlich gleich nicht mehr«, sagt Mama und zwinkert. »Wir wollen uns ja entspannen.«

Anne kichert. Dann schließen beide die Augen – und es geht los.

Zuerst beginnt leise Musik. Anne versucht, ihre Gedanken loszulassen. Aber das ist gar nicht so einfach. In ihrem Kopf sprudelt es nur so.

Die Musik ist eigentlich schön. Aber ein bisschen leise. Geht das nicht lauter? Oder ist es dann nicht

mehr entspannend? Ich hoffe, ich schlafe nicht ein. Sollte da nicht eine Stimme kommen?

Da ertönt endlich eine sanfte Frauenstimme:

»Schließe deine Augen.«

Häh? Die hab ich doch schon zu!, denkt Anne.

Sie merkt, wie ihre Gedanken schon wieder anfangen zu plappern.

»Psst«, ermahnt sie sich selbst innerlich. Doch sofort geht es weiter:

Hat Mama auch so viele Gedanken? Das ist ja echt schwer, an nichts zu denken...

»Atme tief ein und wieder aus«, spricht die Stimme weiter. Sie zählt langsam: »Ein... zwei... drei... und aus... zwei... drei...«

Warum nur bis drei? Warum nicht bis fünf? Mein Rücken tut weh. Wie lange dauert das noch?

Anne versucht sich selbst zu stoppen: Stopp! Gedanken loslassen! Ich mache jetzt einfach, was die Frau sagt.

Sie beginnt, sich auf ihren Atem zu konzentrieren. Zählt leise mit.

Und tatsächlich: Je mehr sie sich aufs Atmen fokussiert, desto ruhiger wird ihr Kopf.

Nach einer gefühlten Ewigkeit endet die Meditation.

»Und wenn du bereit bist, öffne deine Augen«, endet die sanfte Stimme.

Anne öffnet langsam die Augen und lässt einen tiefen Seufzer los. Mama schaut sie erwartungsvoll an.

»Und, wie war's?«, will sie wissen.

»Ehrlich?«, fragt Anne zögerlich. »Am Anfang war es mega schwierig. Meine Gedanken haben Pingpong gespielt. Ich dachte, die hören niemals auf zu brabbeln. Und dann habe ich einfach mitgezählt – und dann ging's besser. Das war echt... puh...«

»Gar nicht so einfach, die Gedanken ruhig zu kriegen«, stimmt Mama zu. »Aber weißt du was? Mir geht's genauso. An manchen Tagen klappt's gut, an anderen nicht. Und jedes Mal, wenn ich eine geführte Meditation mache und die Stimme sagt: ›Schließe deine Augen‹, denke ich mir: Die hab ich doch längst zu!«

»Das hab ich auch gedacht!«, ruft Anne – und beide bekommen einen richtigen Lachanfall.

»Wie die Mutter, so die Tochter«, sagt Mama grinsend.

»Aber weißt du noch was?«, fragt Anne.

»Was denn?«, ist Mama neugierig.

»Trotzdem geht's mir irgendwie besser. Es hat Spaß gemacht, mit dir zu meditieren. Das können wir öfter machen.«

»Prima«, freut sich Mama. »Machen wir. Und jetzt ab ins Bett. Mit der positiven Energie wird morgen bestimmt ein besserer Tag – hoffe ich zumindest.«

Sie gibt Anne einen dicken Gute-Nacht-Kuss, und Anne verschwindet in ihr Zimmer.

Der nächste Tag wird tatsächlich besser.

Anne, Aaron und Mama lernen gemeinsam während der Hausaufgabenzeit – für Schule und Ayurveda. Danach machen sie einen Essensplan nach ayurvedischen Regeln und überlegen, was sie für Oma und Opa kochen könnten.

Am Sonntag ist es endlich so weit: Oma und Opa kommen zu Besuch.

An der Haustür werden Anne und Aaron erst einmal ordentlich durchgeknuddelt.

»Oh, wie hab ich euch vermisst«, ruft Oma Rita und drückt Anne ganz fest.

»Und wir euch erst!«, antwortet Aaron freudestrahlend.

»Komm her, dich muss ich auch erst mal herzen!«, ist Oma begeistert.

Papa und Mama werden kurz begrüßt – und schon nehmen Anne und Aaron ihre Großeltern mit ins

Wohnzimmer. Nach so langer Zeit gibt es jede Menge zu erzählen.

Klar, sie telefonieren oft – aber das ist einfach nicht dasselbe.

»Ich mach schon mal die Waffeln fertig, während ihr redet«, ruft Mama aus der Küche.

»Oh lecker!«, freut sich Opa Klaus. »Waffeln! Deswegen duftet es hier so gut.«

»Ja«, erklärt Aaron. »Wir machen Waffeln mit Ayurveda.«

»Was? Waffeln mit Aloe Vera?«, fragt Opa verdutzt. »Schmeckt das? Das Zeug schmiert sich eure Oma doch ins Gesicht! Ist das wieder so ein neuer Trend? Andrea, machst du jetzt wieder so eine Diät?«

»Ach, Klausi!«, schaltet sich Oma ein. »Andrea macht doch jetzt diesen indischen Kochkurs. Die Inder kochen halt anders.

Vielleicht schmeckt das mit Aloe Vera ja auch gut. Man muss offen für Neues sein.«

Anne, Aaron und Papa kugeln sich vor Lachen.

Mamas Gesichtsausdruck ist irgendwo zwischen Schock, Verzweiflung und völliger Sprachlosigkeit.

»Mama! Ich mache keinen Kochkurs – das ist nur ein Teil meiner Ausbildung!«, ruft sie aus der Küche.

»Sag ich doch – Kochkurs«, beharrt Oma zufrieden.

Aus der Küche ertönt ein lautes Piepen.

»Die ersten Waffeln sind fertig. Ich muss gucken!«, ruft Mama. Sie deutet auf Anne und Aaron: »Ihr zwei erklärt bitte Oma und Opa, was Ayurveda ist, ja?« Dann verschwindet sie wieder in die Küche – Papa folgt ihr.

»Startklar?«, fragt Anne ihre Großeltern.

»Sehr interessiert«, meint Opa. »Es entscheidet sich jetzt wohl, ob ich heute noch Waffeln essen darf oder nicht.«

»Opa!«, lacht Aaron. »Ayurveca ist über 2500 Jahre alt und kommt aus Indien. Es gibt viele Tipps, wie man gesund und lang leben kann. Wir machen jetzt jeden Morgen Dinacharya.«

»Kann man die auch essen?«, fragt Opa trocken. Anne und Aaron lachen los. Opa ist einfach immer witzig – auch wenn er nichts weiter macht.

»Ich kann noch nicht ganz folgen«, gibt auch Oma zu.

Papa kommt mit einem Tablett ins Wohnzimmer. »Klaus, Rita – wollt ihr Sahne zu den Waffeln? Wir lassen die heute weg, aber ich mache euch gern welche extra.«

»Erst Aloe Vera, jetzt keine Sahne?!«, ruft Opa dramatisch. »Kinder, wenn ihr verhungert, zwinkert zweimal mit den Augen!«

»Also, aus Köchinnensicht würde mich das interessieren«, schaltet sich Oma ein. »Wieso keine Sahne? Die gehört doch zu Waffeln wie der Topf zum Deckel!«

»Das liegt an den Nahrungsmittelkombinationen«, erklärt Anne stolz. »Im Ayurveda gibt es Empfehlungen, wie man Lebensmittel kombiniert, damit sie leichter verdaulich sind. Milchprodukte wie Sahne soll man nicht mit Fleisch, Fisch, Eiern oder Bananen essen.«

»Und im heutigen Rezept sind Eier drin – deshalb lassen wir die Sahne weg«, ergänzt Aaron.

»Das ist ja mal was Neues«, staunt Oma. »Aber in Pancakes ist doch auch Milch?«

»Wir haben einfach Mandelmilch genommen«, sagt Aaron ganz selbstverständlich.

»Na, da bin ich aber gespannt!«, sagt Oma. »Klausi, wenn das gut schmeckt, dann machen wir das auch.«

»Ich hab's befürchtet«, sagt Opa gespielt schockiert. »Jetzt ist es aus mit meinem schönen Leben!«

Er zwinkert Anne und Aaron zu – und die kichern erneut.

»Also mit oder ohne Sahne?«, fragt Papa.

»Aber bitte mit Sahne!«, singt Opa plötzlich und springt auf. Er tanzt zu seinen Enkeln hinüber.

»Euer Opa ist ein riesiger Udo-Jürgens-Fan«, lacht Oma.

»Ein bisschen Bewegung würde dir echt guttun«, meint sie.

»Ach was!«, winkt Opa ab. »Ein Opa ohne Bauch ist kein richtiger Opa!«

»Große Bäuche bedeuten viel Kapha«, ruft Aaron. »Papa hat auch eins – Mama sagt, mit Ayurveda kriegt er das wieder weg!«

»Ey!«, ruft Papa empört. »Was habt ihr eigentlich alle mit meinem Bauch?! Aus Prinzip esse ich heute auch Sahne. Klaus, wir Männer müssen zusammenhalten.«

»Jawohl!«, ruft Opa und gibt Papa die Hand.

»Typisch Männer«, seufzt Oma. »Na ja, ist ja eure Gesundheit.«

Dann schaut sie Anne und Aaron an. »Aber euch zwei muss ich mal loben: Woher wisst ihr eigentlich so viel über Ayurveda?«

»Wir lernen das zusammen mit Mama«, erklärt Anne stolz. »Sie erklärt uns alles, was sie selbst gerade lernt. So kann sie üben, das Wissen weiterzugeben – und wir verstehen Ayurveda immer besser.«

»Genau!«, sagt Aaron. »Irgendwer muss Mama ja auch auf ihre Prüfung vorbereiten.«

»Eine Prüfung?!«, ruft Opa überrascht.

»Ja, wie in der Schule!«, sagt Aaron.

»Respekt«, sagt Opa anerkennend.

»Alle Achtung«, nickt auch Oma. »Das hört sich ganz schön viel an. Und ihr merkt euch das alles so einfach?«

Anne und Aaron nicken eifrig – bereit für die nächste Lektion mit Waffeln, Liebe und einem Schuss Ayurveda.

»Ach, die jungen Hühner«, winkt Opa ab. »Die haben doch noch ein viel besseres Gedächtnis als wir Alten.«

In diesem Moment kommen Mama und Papa mit einem großen Teller Waffeln ins Wohnzimmer.

»Fertig«, sagt Mama stolz. »Kommt ihr?«

Alle setzen sich an den Esstisch.

»Das sieht fantastisch aus!«, lobt Oma. »Andrea, Schatz – ich unterstütze dich voll und ganz. Wenn du mit der Ausbildung fertig bist, dann bin ich deine erste Kundin.«

»Da hast du aber eine Menge zu tun«, neckt sie Opa. Die Kinder lachen los.

»Ach, Klaus! Nein, das ist mein Ernst«, sagt Oma bestimmt.

»Wir können dir ja vorher schon ein paar Sachen beibringen«, schlägt Aaron begeistert vor.

»Sehr gut«, geht Oma direkt darauf ein. »Dann erklärt mir doch mal, was wir hier gerade Leckeres auf dem Tisch stehen haben.«

Mama beginnt, die Waffeln zu verteilen, während Aaron erklärt:

»Also, das sind Waffeln – dazu gibt's warmen Apfelkompott. Hier ist eine Schale mit Rosinen und hier ohne. Ich und Papa mögen nämlich keine. Und das ist die Sahne. Joa, das war's eigentlich.«

»Sehr gut erklärt«, lobt Mama und streicht ihm liebevoll über den Kopf.

»Heißt das jetzt, ihr esst gesund – und euer Vater und ich ungesund?«, fragt Opa mit hochgezogener Augenbraue.

»Anne, willst du das beantworten?«, bittet Mama.

»Na klar!«, ruft Anne begeistert.

»Theoretisch ja – aber im Ayurveda gibt es die 80-zu-20-Regel. Das heißt: 80 Prozent isst man nach Empfehlungen und passenden Nahrungsmittelkombis – und 20 Prozent darf man einfach essen, worauf man Lust hat. Letzte Woche im Zoo haben wir zum Beispiel Pommes gegessen. Das war gar nicht ayurvedisch – aber es war total okay.«

Mama zeigt Anne einen Daumen nach oben.

»Also ich bin wirklich beeindruckt«, sagt Oma erneut. »Schmeckt übrigens vorzüglich, Andrea. Was gibt's denn da noch so für Empfehlungen? Und wie merkt ihr euch all das bloß?«

»Wir haben ein Poster mit Symbolen gemacht – das hängt am Kühlschrank«, erklärt Aaron mit vollem Mund. »Daf if viel leichfter zu merken.«

»Das ist echt cool«, fügt Anne hinzu. »Also, es gibt zum Beispiel die Milchregel – die kennt ihr ja jetzt. Dann: Fleisch nicht mit Honig, Sesam oder viel Zucker. Und kein Milchreis nach Fleisch. Fisch nicht mit Banane, Milch, Sahne oder Joghurt. Und rohe, saure Früchte soll man nicht mit Joghurt oder Käse essen – oder nach warmen Speisen.«

Sie überlegt kurz.

Mama hilft: »Was ist mit Obst allgemein?«

»Ach ja!«, ruft Anne. »Am besten warm – also gekocht oder gedünstet. Zum Frühstück zum Beispiel. Und wenn roh, dann lieber als Snack zwischendurch.«

»Am besten frisch kochen«, ergänzt Papa.

»Und mit regionalem, saisonalem Gemüse und Obst«, sagt Mama.

»Und viele Gewürze!«, wirft Anne ein. »Mittags isst man die Hauptmahlzeit, weil da Agni, das Verdauungsfeuer, am stärksten ist. Und man achtet darauf, was zum eigenen Dosha passt.«

»Ach herrje«, winkt Oma ab. »Mir schwirrt ja jetzt schon der Kopf. Das ist ganz schön viel und klingt echt kompliziert.«

»Dachte ich am Anfang auch«, sagt Aaron verständnisvoll. »Aber wenn man erst mal verstanden hat, wie Ayurveda denkt, ist es eigentlich ganz logisch.«

»Ich bin schon bei den ganzen Fachbegriffen raus«, brummt Opa. »Das ist mir alles viel zu schwer.«

»Das ist wahrscheinlich die Sahne, die wir jetzt

schwer verdauen können«, scherzt Papa. »Wir haben bestimmt schon eine Menge Ama.«

»Die Oma hab ich den ganzen Tag auch ohne Sahne«, kontert Opa trocken.

Alle am Tisch lachen.

»Andrea, Liebes – ich finde das wirklich toll«, sagt Oma ernst. »Und ihr zwei Mäuse, dass ihr Mama so unterstützt – toll, einfach toll! Ich würd das auch gerne lernen. Aber wie der Klaus schon sagt – das ist mir bestimmt zu kompliziert.«

»Weißt du was, Oma?«, sagt Anne plötzlich.

»Ja?«, fragt Oma neugierig.

»Wenn Mama ihre Prüfung bestanden hat und wir noch mehr gelernt haben, dann bringe ich dir Ayurveda bei. Wenn du das nächste Mal hier bist, erkläre ich dir und Opa die wichtigsten Sachen – ganz einfach. Dann wirst du eine richtige Ayur-Oma!«

»Ach, da würd ich mich sehr freuen! Wenn ich auf meine alten Tage noch was lernen darf – und das von meinen tollen Enkeln!«

Sie kneift Anne liebevoll in die Backe.

»Opa, machst du mit?«, fragt Anne.

»Bleibt mir eine andere Wahl?«, hebt er grinsend

eine Augenbraue.

»Also ja!«, sagt Aaron triumphierend.

»Na gut, so sei es!«, ruft Opa. »Aber jetzt genug Ayurveda. Wer von euch ist bereit, gegen mich in einer Runde Mensch-ärgere-dich-nicht anzutreten?«

»Ich! Ich!«, rufen Anne und Aaron im Chor. Sie springen auf, holen das Spiel aus dem Kinderzimmer – und los geht's.

Sie spielen, lachen und genießen den gemeinsamen Nachmittag – bis Oma und Opa sich am Abend verabschieden.

Als Anne später in ihrem Bett liegt, denkt sie an den schönen Tag zurück. Sie ist glücklich, so coole Großeltern zu haben.

In ihrem Kopf bastelt sie schon an einer Strategie, wie sie ihnen die wichtigsten ayurvedischen Begriffe am besten beibringen kann.

Aber irgendwie wollen die Gedanken nicht so richtig sortiert werden.

Zuviel Vata gerade in meinem Kopf, denkt sie und grinst.

Ayurvedisch zu denken macht irgendwie Spaß.

Kapitel 6:
Flüssiges Gold

Die Wochen vergehen wie im Flug, und so langsam gewöhnt sich Familie Hanken Schritt für Schritt an die neuen Regeln.

»Ich dachte, das wird mega anstrengend«, meint Aaron eines Abends am Esstisch. »Aber ist gar nicht so schlimm. Ich find's cool, dass es im Ayurveda für jeden etwas gibt – und ich machen kann, was zu mir passt.«

»Das freut mich wirklich sehr. Du machst das auch richtig gut«, lobt ihn Mama mit einem Lächeln.

Auch Anne ist mit Begeisterung dabei. Sie liebt es, Neues zu lernen – und beim Ayurveda kann sie das Wissen gleich im Alltag ausprobieren. Besonders gern hilft sie Mama in der Küche.

Eines Abends liegt Anne in ihrem Zimmer und liest in ihrem Buch, als es an der Tür klopft.

»Ja?«, ruft sie.

Mama steckt den Kopf hinein. »Anne«, flüstert sie geheimnisvoll, »ich mache heute etwas ganz Besonderes. Hast du Lust, mitzumachen?«

Anne überlegt. Ihr Tag war anstrengend – so richtig

Lust hatte sie nicht. Aber Mamas Stimme klang spannend.

»Hmm... was machst du denn?«, fragt sie zögerlich.

»Flüssiges Gold«, antwortet Mama mit funkelnden Augen.

Anne richtet sich auf. Flüssiges Gold? Das klang auf jeden Fall besser als Hausaufgaben oder Küche aufräumen.

»Okay, du hast mich. Bin dabei!«, sagt sie, legt das Buch weg und springt vom Bett.

Gemeinsam gehen sie in die Küche.

»Ich bin etwas verwirrt«, sagt Anne. »Wie machen wir denn Gold in der Küche? Schmelzen wir deine Ohrringe?«

Mama lacht. »Nein, mein Schatz. Im Ayurveda gibt es verschiedene Öle – genauso wie verschiedene Gewürze und Lebensmittel. Alle haben unterschiedliche Wirkungen auf unsere Doshas. Manche Öle benutzt man zum Kochen, andere für Massagen oder sogar bei Krankheiten.«

Sie macht eine Pause und deutet auf den Herd.

»Heute machen wir Ghee (gesprochen Gi) – das ist ein ganz besonderes Öl!«

»Und warum ist es so besonders?«, will Anne wissen.

»Ghee gilt als das beste unter den fettigen Substanzen. Es stärkt unser Erinnerungsvermögen, fördert die Verdauungskraft, wirkt entzündungshemmend und hilft, Ama zu beseitigen.«

»Ama… warte, das sind diese unverdauten Reste, oder? Die, die in den Körperkanälen hängen bleiben und Krankheiten auslösen können?«, fragt Anne und schaut Mama an.

»Wow, du bist wirklich auf dem besten Weg, ein kleiner Ayurveda-Profi zu werden!«, sagt Mama stolz. »Weißt du auch noch, wie diese Transportkanäle im Fachbegriff heißen?«

Anne runzelt die Stirn, legt die Hände an die Stirn und läuft ein paar Schritte hin und her.

»Es liegt mir auf der Zunge… aber ich komme nicht drauf. Erlöse mich!«

»Srotas«, flüstert Mama. »Man spricht es Schrotas aus.«

»Ahh, natürlich! Jetzt, wo du's sagst. Mist!«, ärgert sich Anne.

»Ach, es war ein langer Tag. Die Begriffe sind echt nicht einfach – und du machst das großartig.«

Sie nimmt Anne liebevoll in den Arm. »So, jetzt machen wir Ghee. Man sagt, Ghee herstellen ist wie eine kleine Meditation. Und da wir heute beide ein bisschen zu viel Vata haben, ist das genau das Richtige.«

Anne lächelt. »Klingt gut. Und was kann Ghee noch so alles?«, fragt sie neugierig, während Mama Butter aus dem Kühlschrank holt.

»Das erzähle ich dir gleich. Zuerst darfst du mal helfen. Packst du bitte die Butterpäckchen aus und legst die Stücke in den Topf?«

Anne nickt, nimmt die fünf Päckchen und beginnt zu entpacken. Mama stellt den Topf auf den Herd und dreht die Platte an.

Kurze Zeit später ist Anne fertig. »Und jetzt?«, fragt sie.

»Jetzt nehmen wir uns zwei Stühle, setzen uns davor und warten, bis alles sprudelt und schäumt.«

»Und dann?«, fragt Anne, ein wenig ungeduldig.

»Dann drehen wir die Temperatur runter, schöpfen den Schaum ab und warten weiter.«

Anne schaut skeptisch. »Okay... und das hat jetzt welchen Sinn?«

Mama grinst. »Gegenfrage: Woher kommt wohl der Name flüssiges Gold?«

Anne runzelt die Stirn. Sie ist zu müde zum Nachdenken.

Mama sieht es ihr an. »Oje, dein Kopf ist heute echt leer, was?«

Anne nickt. »Irgendwie ja.«

»Dann setz dich. Ich mach dir gleich noch eine Goldene Milch. Die beruhigt dein Vata ein bisschen und schmeckt lecker.«

»Die haben ganz schön viel Gold im Ayurveda«, murmelt Anne und setzt sich.

Mama lacht. »Stimmt. Aber der Ayurveda ist ja auch goldwert! Was gibt es Wichtigeres, als gut für sich zu sorgen?«

Anne beobachtet, wie Mama einen zweiten Topf auf den Herd stellt, Mandelmilch hineingießt und sie langsam erwärmt.

»Willst du noch wissen, was es mit dem flüssigen Gold auf sich hat?«, fragt Mama.

»Na klar«, sagt Anne.

»Also: Ghee ist geklärte Butter. Das bedeutet, dass wir die Butter so lange erhitzen, bis Wasser, Milchzucker und Eiweiß verdampfen oder sich absetzen. Wir schöpfen das ab – und am Ende bleibt eine klare, goldene Flüssigkeit übrig: fast reines Butterfett. Deshalb sagt man auch flüssiges Gold.«

»Wow«, sagt Anne beeindruckt und blickt in den Topf. »Es blubbert schon ein bisschen.«

»Ja, das ist der Anfang. Aber bis das Ghee wirklich fertig ist, kann es eine Stunde dauern.«

»Was?!«, ruft Anne.

»Kennst du das Sprichwort: Gut Ding will Weile haben?«

Anne schüttelt den Kopf. »Jetzt schon.«

»Und nicht nur das Aussehen macht Ghee so wertvoll«, fährt Mama fort. »Es hat noch viele weitere Eigenschaften: Es fördert den Schlaf und klärt den Geist. Es reinigt die Srotas – und wird deshalb mit Kräutern und Gewürzen als Medizin verwendet. Krankheiten wie Allergien, Asthma oder

Gelenkschmerzen können damit gebessert werden. Denn die entstehen durch Ama. Wird das beseitigt, trägt das zur Besserung bei. Ghee ist sozusagen das perfekte Allheilmittel.«

»Krass«, nickt Anne.

»Finde ich auch«, pflichtet ihr Mama bei. »Und es schmeckt auch noch richtig lecker.«

»Dann probiere ich es nachher gleich mal, wenn es fertig ist«, sagt Anne.

»Hast du schon«, erwidert Mama mit einem Zwinkern.

Anne schaut sie verdutzt an.

»Wie hat dir denn dein Brotfrühstück diese Woche in der Schule geschmeckt?«, fragt Mama.

»Mama!«, ruft Anne und grinst schelmisch. »Das war mega lecker. Hast du uns einfach Ghee untergeschummelt?«

»Schuldig im Sinne der Anklage!« Mama hebt beide Hände. Anne fängt an, sie zu kitzeln, und Mama muss lachen.

»Hey hey«, ruft sie. »Stopp bitte, bitte – hahahaha...«
Sie werden durch ein lautes »Plopp« unterbrochen.

»Oh, ich glaube, jetzt geht es los!«, ruft Anne aufgeregt.

»Ja«, sagt Mama. Die Butter kocht und schäumt. Fast schwappt alles über den Topf. Anne nimmt auf Mamas Anweisung eine Schöpfkelle, entnimmt etwas Schaum und füllt ihn in eine Schale. Danach dreht Mama die Temperatur runter.

Mittlerweile dampft auch die Mandelmilch. Mama holt eine Gewürzmischung aus dem Schrank und gibt einen Teelöffel davon hinein.

»Was ist das?«, will Anne wissen.

»Das ist die Goldene-Milch-Gewürzmischung. Da ist Kurkuma drin – deswegen auch die goldene Farbe. Dann noch Pippali, Kardamom, Zimt und etwas Muskatnuss.«

»Was ist denn Pippali?«, fragt Anne.

»So nennt man langen Pfeffer«, antwortet Mama. »Er ist nicht so scharf wie schwarzer Pfeffer und gut geeignet für alle Doshas. Außerdem ist er ein super Ama-Vernichter.«

»Cool! Dann können wir den mit zu unseren Gewürzen für den Tisch stellen.«

»Genau«, sagt Mama. »Viele Mamas fragen sich bestimmt, wie sie für jeden aus der Familie doshagerecht kochen können. Wir haben ja nicht immer Zeit, für jeden extra etwas zu kochen – und das muss auch nicht sein. Man benutzt dann zum Beispiel Gewürze wie Pippali, die alle vertragen. Oder man stellt eine Gewürzbox auf den Tisch, so wie wir jetzt eine haben. Dann können sich die Vatas und Kaphas in der Familie anregende Gewürze über das Essen geben – und die Pittas eher kühlende Gewürze.«

»Eigentlich voll einfach«, stellt Anne fest.

»Allerdings«, sagt Mama.

»So, die Goldene Milch ist fertig. Magst du noch etwas Honig hinein?«

»Ja, gerne«, summt Anne. »Das duftet gut.«

»Und schmeckt auch so«, verspricht Mama. »Letzter

Ayurveda-Wissentipp für heute: Honig spielt im Ayurveda auch eine wichtige Rolle.«

»Natürlich«, kichert Anne. »Was spielt im Ayurveda keine wichtige Rolle!?«
Mama überlegt. »Erwischt! Aber jetzt noch mal zum Honig: Er gehört zu den wertvollsten Nahrungs- und Heilmitteln im Ayurveda.

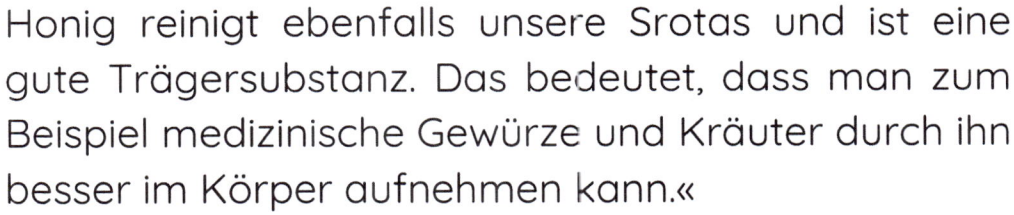

Honig reinigt ebenfalls unsere Srotas und ist eine gute Trägersubstanz. Das bedeutet, dass man zum Beispiel medizinische Gewürze und Kräuter durch ihn besser im Körper aufnehmen kann.«
»Coolio«, sagt Anne.
»Das stimmt wortwörtlich«, erklärt Mama. »Honig am besten nur zimmerwarm – nicht erhitzen.«
»Puh, ob ich mir das heute Abend alles merken kann?«, erwidert Anne. »Mein Kopf raucht ganz schön.«
»Dann gönnen wir ihm jetzt eine Pause.« Mama gibt ihr einen Kuss auf den Kopf und reicht ihr die Tasse mit der goldenen Milch.

Sie schmeckt Anne sehr gut.

Beide sitzen vor dem Topf mit der sprudelnden Butter, beobachten und unterhalten sich. Nach ungefähr vierzig Minuten beginnt die Butter ganz klar zu werden. Als sich auf dem Topfboden kleine Ablagerungen gebildet haben, nehmen sie den Topf vom Herd und lassen ihn etwas auskühlen. Nach ein paar Minuten füllen sie das Ghee in Gläser um.

Anne staunt: Das frische Ghee hat tatsächlich eine Farbe wie Gold – und es ist wunderschön klar. Es duftet himmlisch!

Sie trinken beide ihre Goldene Milch aus und gehen dann schlafen.

Anne bemerkt in ihrem Bett, wie sich eine angenehme Wärme in ihrem Bauch breitmacht. Der Ayurveda ist ganz schön schlau, denkt sie sich. Da ist jeder Tipp wirklich Gold wert – und sie benennen ihre Rezepte auch gleich danach. Sie findet das ziemlich cool.

Bis jetzt hat sie noch niemandem verraten, dass sie zusammen mit Mama Ayurveda lernt. Wenn sie mehr weiß, möchte sie ihrer Freundin Emily davon erzählen.

Aber das dauert noch ein bisschen.

Bevor sie weiter denken kann, ist sie auch schon entspannt eingeschlafen.

Kapitel 7:
Das ist doch zum Piepen!

Es ist Freitagnachmittag. Anne, Aaron und Mama sitzen auf der Couch und essen als Snack etwas Obst. Während sie sich unterhalten, hören sie draußen Papa mit dem Auto vorfahren. Er steigt aus – und schon hören sie ihn laut am Handy reden.

»Papa kommt. Der telefoniert aber laut«, stellt Aaron fest.

Kaum ausgesprochen, schließt Papa die Tür auf – und die drei werden Zeuge seiner Unterhaltung:

»… das geht gar nicht! Der hat doch eine Meise! Ich habe diese Woche bereits dreimal mit dem Brehmer gesprochen, dass der sich immer in die Abwicklung mit einmischt. Das stört den ganzen Entwicklungsprozess und ist verdammt noch mal nicht seine Aufgabe. Was? Ja, natürlich will der sich nur profilieren. Aber das ist sein Problem, nicht meins. Das ist doch zum Piepen!«

Er geht direkt ins Bad. Durch die Tür hört man ihn weiter schimpfen.

»Oh je, Papa ist aber nicht gut drauf«, sagt Anne mit gerunzelter Stirn.

»Klingt nicht so«, meint Mama.

»Was ist denn los?«, will Aaron wissen.

»Papa hat einen neuen Kollegen im Büro, und der bringt ihn ziemlich auf die Palme. Das Arbeitsklima ist in seiner Firma seit ein paar Wochen angespannt. Das muss ein ganz komischer Typ sein«, erklärt Mama. »Der möchte wohl unbedingt Karriere machen und mischt sich überall mit Übereifer ein – wenn ich Papa richtig verstanden habe.«

Man hört die Toilettenspülung, dann kommt Papa aus dem Bad. Er telefoniert weiter, begrüßt dabei seine Frau mit einem Kuss – und dann Anne und Aaron.

»Fabi, ich habe mich die ganze Zeit wirklich zusammengerissen, aber jetzt ist ein Punkt erreicht, da hat er eine Grenze überschritten. Am Montag sitze ich beim Chef – und wenn der Kuhlig es nicht regelt, dann schalte ich den Betriebsrat mit ein.«

Er geht weiter in die Küche.

»Puh, da ist ja richtig dicke Luft!«, flüstert Anne.

Aaron nickt. »Oh ja. Ich glaube, wir benehmen uns heute lieber. Sonst kriegen wir auch noch was ab.«

»Bei Papa geht ja gerade das Pitta voll durch die Decke«, sagt Anne noch und schiebt sich ein paar Birnenstückchen zwischen die Zähne.

»Ich glaube eher, bei Papa ist gerade sein Rajas (gesprochen Ratschas) explodiert«, meint Mama.

Anne und Aaron schauen sie fragend an. »Sein was?«, fragen beide im Chor.

»Ich dachte, wenn man hitzig und aggro ist, gehört das zu Pitta«, sagt Aaron.

»Ja, könnte man meinen – und das stimmt auch teilweise«, erklärt Mama. »Aber im Ayurveda gilt das Prinzip der Doshas nicht nur für den Körper, sondern auch für den Geist – also für das Denken und Verhalten eines Menschen. Hier spricht man von den Gunas. Diese heißen: Rajas, Tamas und Sattva. Das habe ich gestern erst neu gelernt«, fügt sie stolz hinzu.

»Aha«, kommentiert Aaron trocken. »Dann prüfen wir gleich mal, ob du das auch richtig verstanden hast. Erzähl mal!«

Bevor Mama zu erklären beginnt, kommt Papa aus der Küche zurück. Er nimmt das Handy kurz vom Ohr.

»Schatz, ist es ok, wenn ich heute Abend mit Fabi

kurz ins Stübchen gehe? Bisschen was trinken und Dart spielen?«

»Klaro, wir drei schauen heute Abend einen Film. Reagiert ihr Männer euch erst mal ab«, lächelt Mama.

»Super«, bedankt sich Papa mit einem Kuss. »Dieser Kaiser benimmt sich auch wie einer! Der hat heute wieder ein Ding gerissen – das erzähle ich euch nachher.«

Er streichelt Anne und Aaron über den Kopf, spricht wieder ins Handy:

»Mein Lieber, geht klar. In 30 Minuten? Super, bin da. Yeap. Bis gleich.«

Er legt auf, atmet tief durch und prustet die Luft raus: »Was ein Tag!«

»Wir haben dich lieb, Papa«, sagt Anne instinktiv.

»Und ich euch erst. Ich hab euch vermisst. Zum Glück ist jetzt Wochenende.«

Papas Zornesfalten glätten sich. Ein Lächeln huscht über sein Gesicht.

»Birne?«, fragt Aaron und hält ihm seinen Teller hin.

»Das ist lieb, mein Herz, danke.« Papa nimmt sich ein Stück und umarmt beide.

»Ist es wirklich ok, wenn ich mit Fabi weggehe? Tut

mir leid, wenn ich eben so harsch war. Aber momentan ist es echt zum Schreien auf der Arbeit. Ich muss erst mal den Kopf frei bekommen. Dann habt ihr auch einen besser gelaunten Papa.«

»Und Mann«, wirft Mama ein.

»Das auch«, sagt Papa mit einem liebevollen Blick zu ihr.

»Das verstehen wir, Papa. Kein Problem. Wir wünschen dir viel Spaß«, sagt Aaron.

Papa bedankt sich noch einmal und huscht die Treppe hinauf, um sich zu duschen und umzuziehen.

»Der ist ja echt voll durch«, sagt Anne erstaunt.

»Jetzt erzähl mal – also kein Pitta, sondern Rasas?«

»Rajas«, korrigiert Mama und beginnt:

»Wenn jemand zu viel Rajas hat, dann ist er meistens ungeduldig, gestresst, emotional reizbar und wechselhaft. Er hat viele Wünsche und Dinge, die er unbedingt will. Außerdem ist er leidenschaftlich, unruhig, gierig, egoistisch und impulsiv. Ihr könnt es euch wie einen explodierenden Vulkan vorstellen!«

»Das haben wir gerade gesehen«, platzt es aus Aaron heraus.

»Papa war ja ein Supervulkan!«

»Also ist Rajas eine schlechte Eigenschaft?«, überlegt Anne.

»Nicht unbedingt«, sagt Mama. »Wir brauchen auch ein gewisses Maß an Rajas. Denn dieses Guna hat auch Eigenschaften wie Motivation, Aktivität und Ehrgeiz. Ohne das könnten wir unsere Hobbys, Pläne oder Ideen nicht umsetzen.«

»So langsam kapier ich es«, sagt Aaron. »Was sind die anderen beiden nochmal?«

»Die heißen Tamas und Sattva«, erklärt Mama weiter.

»Bei Tamas geht es um Trägheit, Antriebslosigkeit, wenig Energie, depressive Verstimmungen, fehlendes Interesse – also alles, was schwer und unbeweglich ist.«

»Also wenn ich stinkefaul den ganzen Tag nur rumliege«, meint Aaron trocken.

Anne lacht.

»Dann hast du aber ganz schön viel Tamas!«

»Ich will aber kein Tamas haben«, beschwert sich Aaron. »Das klingt irgendwie negativ.«

»Jeder von uns darf mal faul oder wütend sein. Das gehört zum Menschsein dazu. Wichtig ist nur, dass wir alles in ein gesundes Gleichgewicht bringen – so wie es im Ayurveda empfohlen wird«, sagt Mama.

»Und Tamas hat auch seine gute Seite – es hilft uns zum Beispiel zur Ruhe zu kommen und einzuschlafen.«

»Ok, dann ist es ja doch nicht so schlimm wie befürchtet«, meint Aaron.

»Und was war das dritte nochmal?«, fragt Anne.

»Das dritte Guna ist Sattva«, antwortet Mama.

»Sattva ist der Zustand von innerer Stärke, Ausgeglichenheit, Klarheit und Reinheit. Sattva-Menschen sind belastbar, ehrlich, freundlich, hilfsbereit, zufrieden und haben ein gutes Gedächtnis.«

»Dann ist Sattva doch der beste Zustand, den man haben kann«, sagt Anne.

»Das stimmt.«

»Verstehe ich das richtig«, überlegt Anne, »dass jeder Mensch alle drei in sich hat – und je nach

Situation mal mehr von dem einen und mal mehr vom anderen?«

»Ganz genau«, lobt Mama.

»Am besten streben wir einen Zustand von Sattva an – aber alle drei gehören zu uns. Wenn ein Zustand zu lange anhält, sollten wir mit Ayurveda-Tipps versuchen, wieder in Balance zu kommen.«

»Easy«, sagt Aaron.

»Findest du?«, fragt Anne. »Ich stelle mir das nicht so einfach vor. Wie kommt man überhaupt in diese Zustände? Und wie kommt man wieder raus?«

»Gute Fragen«, nickt Mama.

»Wie entstehen Rajas und Tamas? Meistens durch ungesunde Ernährung und Lebensweise. Frittiertes Essen und Fast Food fördern Rajas.«

»Ahh!«, ruft Anne. »Ich erinnere mich! Als du auf dem Weg in den Zoo die Eigenschaften aufgezählt hast!«

»Genau«, sagt Mama. »Denn im Ayurveda gilt: Gleiches verstärkt Gleiches – und Gegenteiliges gleicht aus. Wenn jemand viel Pitta und Rajas hat, helfen milde, kühlende Speisen und weniger Öl.«

Aaron reißt die Augen auf – und hätte sich fast an seiner Birne verschluckt.

»Ich check's! Papa sollte heute lieber keinen Burger

essen, sonst wird sein Rajas noch schlimmer!«

Mama grinst. »Besser wäre es. Aber das überlassen wir mal Papa.«

»Was? Ich darf heute keinen Burger essen?«, ruft Papa von der Tür aus.

Er ist fertig und schaut ins Wohnzimmer, um sich zu verabschieden.

»Das brauche ich aber dringend! Gutes Essen, ein Bierchen und Dart.

Die Woche war hart genug.«

»Gönn dir, Papa«, sagt Anne. »Nur nicht zu viel – sonst kommst du nicht mehr ins Sattva!«

Papa guckt verwirrt.

»Ihr hattet wieder Ayurveda-Unterricht bei Mama, oder?« Er zwinkert.

Anne und Aaron lachen.

»Das könnt ihr mir dann morgen erklären. Ich bin weg!«

Er gibt allen noch einen Kuss – und ist schon durch die Haustür verschwunden.

»Ich glaube, Papa hat sich schon ein bisschen abgeregt«, sagt Aaron.

»Zum Glück«, antwortet Anne. Dann runzelt sie die Stirn. »Und was essen dann Menschen, die… wie heißen sie noch mal?… Tamas oder Sattva haben?«

»Naja«, beginnt Mama, »tamasische Menschen bevorzugen eher abgestandene Sachen. Zum Beispiel essen sie Speisen, die schon mehrere Tage alt sind und nicht mehr frisch aussehen.«

»Ihhh«, entfährt es Aaron.

»Genau«, sagt Mama. »Wenn wir denken: ›Oh je, das sieht nicht mehr gut aus, das entsorgen wir lieber‹ – dann sagen tamasische Menschen oft: ›Ach, das geht noch.‹«

»Und sattvische Menschen?«, fragt Anne weiter.

»Die lieben frisches, gutes und wohlschmeckendes Essen – also Nahrung, die ihnen Kraft und Energie gibt«, erklärt Mama. »Gemüse wie Kürbis oder Zucchini enthalten zum Beispiel besonders viel Sattva.«

»Essen wir deswegen so viel Zucchini?«, will Aaron wissen.

Mama lächelt. »Wenn ich eine Gemüsepfanne mache, dann kann man doch nie genug sattvische Lebensmittel haben, oder? Also ja – rein damit!«

Dann umarmt Aaron sie fest: »Also, ich mache mir

keine Sorgen wegen deiner Prüfung. Du schaffst das mit links! Du hast es ayurvedisch voll drauf.«

»Danke, mein Schatz«, sagt Mama gerührt.

»Was ich euch beibringe, ist ja nur ein kleiner Teil. Der andere Rest ist ganz schön viel. Ich geb mir so viel Mühe, aber manchmal hab ich Angst, dass es nicht reicht...«

Sie schaut auf ihre Hände.

»Die Prüfung ist schon in fünf Wochen.«

Ein bisschen Unsicherheit schwingt in ihrer Stimme mit.

»Wir helfen dir«, verspricht Anne. »Und wir sind auch ganz leise, wenn du lernen musst.«

»Ihr seid so süß«, sagt Mama und nimmt beide in den Arm.

»Die besten Kinder der Welt!«

Anne und Aaron grinsen stolz.

»So, jetzt aber genug mit dem Kitsch!«, ruft Aaron plötzlich und springt auf.

»Welchen Film gucken wir?«

Sie suchen und diskutieren eine Weile, bis sie sich schließlich auf einen Film einigen. Nach dem Abspann macht sich jeder bettfertig und verschwindet in sein Zimmer.

Anne liegt im Bett und hört, wie Papa nach Hause kommt. Sie versteht nicht, was er sagt, aber sie hört, wie er sich mit Mama in der Küche unterhält.

Ob Mama ihm wohl eine goldene Milch macht? Das würde ihm bestimmt guttun, denkt sie sich. In goldener Milch ist ja Kardamom – das wirkt kühlend. Genau das Richtige für Papas Rajas!

In Gedanken geht sie noch einmal die drei Gunas durch.

Und auf einmal fallen ihr ganz viele Situationen ein, bei denen sie die Gunas erkennen kann.

Neulich zum Beispiel auf dem Schulhof: Zwei Jungs aus der 4c haben sich geprügelt. Die waren total sauer und wütend aufeinander. Das ist bestimmt Rajas, denkt Anne.

In ihrer Klasse ist auch Adriana. Frau Mansion-König sagt immer:

»Adriana, du musst mal ein bisschen aus dem Quark kommen. Stifte raus und los geht's!«

Es dauert oft ganz schön lange, bis Adriana mitmacht. So richtig Lust auf Schule hat sie wohl nicht. Anne hat sich schon oft gefragt, warum das so ist. Jetzt glaubt sie: Vielleicht hat Adriana gerade viel Tamas.

Mit Emily dagegen hat sie letzte Woche einen tollen Nachmittag verbracht. Sie haben jeweils drei Ketten geknüpft, viel gelacht und zusammen eine leckere Melone gegessen. Abends hat sich Anne richtig glücklich gefühlt. Das war bestimmt ein Tag voller Sattva.

Zufrieden, wieder etwas Neues gelernt zu haben, schließt Anne die Augen – und schläft ein.

Kapitel 8:
Mit Ayurveda durch das Jahr

Es ist Donnerstag. Aaron ist gerade beim Fußballtraining, und weil Anne heute nichts Besonderes vorhat, geht sie mit Mama in der Zwischenzeit einkaufen.

»Wir brauchen noch ein Geschenk für Ben. Er wird am Sonntag vier Jahre alt, und Tante Tilda hat uns alle zum Kindergeburtstag eingeladen«, erklärt Mama.

»Hilfst du mir, ein gutes Buch auszusuchen? Du hast da eher ein Händchen dafür – und du liebst Bücher«, sagt sie mit einem Augenzwinkern.

»Ja klar, gerne!«, antwortet Anne sofort. Sie liebt Bücher über alles – und vor allem das Stöbern in Buchläden. Manchmal setzt sie sich einfach in eine gemütliche Ecke und liest erst mal in Ruhe in ein paar Bücher hinein. Heute haben sie nicht ganz so viel Zeit, aber sie ist sicher: Ein gutes Buch finden sie bestimmt für Ben.

Ben ist Annes Cousin. Tante Tilda heißt eigentlich Mathilda, aber alle nennen sie nur Tante Tilda. Klingt ja auch viel cooler, findet Anne.

Als sie die Buchhandlung betreten, fragt Anne:

»Nach was für einer Richtung suchen wir denn? Was mag Ben denn besonders?«

»Tante Tilda meinte irgendwas mit Natur, Tieren, Autos oder Feuerwehr«, antwortet Mama.

»Das war's?«, überlegt Anne. »Das kann ja alles sein!« Mama zuckt mit den Schultern. »Du kennst Tilda. Sie ist da ganz entspannt und freut sich über alles.«

»Mhhh, okay. Ich gehe mal auf die Suche«, sagt Anne entschlossen und läuft zielstrebig zur Kinderbuch-Abteilung.

»Alles klar«, ruft Mama ihr hinterher. »Ich frage mal die Verkäuferin – vielleicht hat sie eine tolle Empfehlung.«

Mama lässt sich gerne beraten. Anne dagegen geht lieber selbst auf Entdeckungstour. Sie streift durch die Regalreihen und schaut sich jedes Buch genau an.

Es gibt Wissensbücher über die verschiedensten Themen: »Wir putzen zusammen Zähne«, »Unser Bauernhof«, »Die Feuerwehr« …

In Gedanken geht Anne Bens Spielecke durch. Sie erinnert sich an viele Feuerwehrautos, noch mehr

Autos, Tierbücher, Stapelsteine und Kuscheltiere – aber irgendwie nichts mit Natur.

Da fällt ihr Blick plötzlich auf ein Buch: »Die vier Jahreszeiten«.

Neugierig nimmt sie es aus dem Regal, blättert hinein und liest die ersten Seiten.

Tolle Zeichnungen! Und es wird richtig schön erklärt, welche Tiere und welches Wetter es in jeder Jahreszeit gibt. Anne ist begeistert.

Sie erinnert sich, wie sie letzten Winter mit Ben durch den Schnee getollt ist. Sie hatten Schneeengel gemacht – Ben fand diesen Tag einfach grandios!

Das ist es!, denkt Anne aufgeregt. Sie dreht sich um, um Mama zu suchen – aber die steht plötzlich direkt hinter ihr.

»Huch, wo willst du denn hin?«, lacht Mama.

»Ich hab dich gar nicht kommen hören!«, sagt Anne grinsend.

»Ich weiß, mein kleiner Bücherwurm. Du warst so vertieft – du hast gar nicht auf mich reagiert.«

»Oh, Entschuldigung! Aber ich habe ein mega cooles Buch gefunden!«, ruft Anne begeistert.

»Ich auch!«, sagt Mama. »Guck mal, die Verkäuferin hat mir dieses hier empfohlen: Mein großes Feuerwehrauto. Da sind sogar tolle Klappseiten drin – das gefällt Ben bestimmt. Was meinst du?«

Anne nimmt das Buch in die Hand, schlägt es auf und schaut sich die ersten Seiten an. Dann guckt sie Mama mit einem Expertenblick an.

»Ne, das ist Käse! Außerdem hat er schon mindestens drei Feuerwehrbücher. Da braucht er nicht noch ein viertes!«

Mama schaut etwas enttäuscht.

In Mamas Blick kann Anne erkennen, dass sie erleichtert ist, endlich etwas gefunden zu haben – und nicht noch mehr suchen zu müssen. Bevor Mama noch mehr Fragezeichen auf der Stirn bekommt, strahlt Anne sie an:

»Ich habe aber was richtig Tolles gefunden. Schau mal!«

Sie hält Mama das Buch mit den Jahreszeiten hin.

»Aha«, sagt Mama neugierig und blättert durch die

Seiten. »An dieses Thema hab ich gar nicht mehr gedacht!«

»Das ist Natur pur – und Tante Tilda hat doch was von Natur gesagt«, sagt Anne stolz und klopft sich innerlich auf die Schulter.

»Mein Schatz, du bist die Beste. Das nehmen wir!«, ruft Mama begeistert.

»Yeah!«, jubelt Anne. Gemeinsam gehen sie zur Kasse und bezahlen das Buch.

Als sie aus dem Laden treten, wirft Mama einen Blick auf die Uhr.

»Hmm, das ging ja fix«, überlegt sie laut. »Dank dir waren wir super schnell – und wir haben noch 50 Minuten, bevor wir Aaron abholen müssen. Weißt du was?«

Sie schaut Anne erwartungsvoll an.

»Ja?«, fragt Anne neugierig und zieht die Augenbrauen hoch. Was kommt jetzt?

»Als Dankeschön für deine tolle Hilfe lade ich dich auf ein Eis ein. Hast du Lust?«

»Oh ja!«, ruft Anne begeistert.

Direkt ein paar Meter weiter ist eine Eisdiele, und die beiden steuern zielstrebig darauf zu. Anne nimmt zwei Kugeln: Schokolade und Zitrone. Mama

entscheidet sich für Mango und Amarena-Kirsch.

Nach dem Bezahlen setzen sie sich auf eine Bank und genießen ihre Eiskugeln.

»Schmeckt's?«, fragt Mama.

»Das Eis ist mega lecker«, antwortet Anne. »Magst du probieren?«

»Gerne«, sagt Mama.

Sie schlecken jeweils am Eis des anderen.

»Mmmm, das ist wirklich gut«, sagt Mama zufrieden.

»Sag mal«, überlegt Anne plötzlich, »wie ist das eigentlich mit Eis im Ayurveda?«

Mama lacht. »Was denkst du denn?«, fragt sie zurück.

»Also, wenn du schon anfängst zu lachen, dann ist Eis wahrscheinlich nicht so ayurvedisch, oder?«

Mama lacht noch mehr.

»Naja, um ehrlich zu sein: Eis gehört tatsächlich zu den Sachen, die man im Ayurveda eher meiden sollte.«

»Echt jetzt?«, fragt Anne und schaut Mama mit großen Augen an. »Dann begehen wir ja gerade eine richtige Ayurveda-Straftat! Wir essen eine verbotene Speise. Achtung, Eis-Gefahr!«

Sie dreht sich theatralisch von der Straße weg und

tut so, als würde sie ihr Eis verstecken.

Mama verschluckt sich fast vor Lachen. Anne kichert und gackert mit.

»Du Spaßvogel, ich kann nicht mehr!«, sagt Mama und kneift Anne liebevoll in die Seite.

»Heeey!«, ruft Anne empört, muss aber auch wieder lachen.

»Aber jetzt mal im Ernst: Wieso darf man denn kein Eis essen?«, fragt sie dann.

»Eigentlich ist das ganz logisch: Agni – unser Verdauungsfeuer – brennt die ganze Zeit, damit wir unser Essen gut verdauen können. Und was passiert, wenn du Eis oder Wasser auf ein Feuer kippst?«

»Na, dann geht es aus. Oder zumindest fast«, sagt Anne.

»Genau!«, nickt Mama. »Und wenn Agni schwächer wird, dann können wir das Essen nicht mehr so gut verdauen – und das bringt die Doshas durcheinander.«

»Vata-Störung?«, fragt Anne.

»Unter anderem«, antwortet Mama. »Wenn man Eis abends isst, dann erhöht das auch Kapha.«

»Aha … also Eis lieber mittags essen, wenn das Agni am stärksten ist?«, schlussfolgert Anne.

»Gut kombiniert!«, sagt Mama und grinst.

»Dann gibt es also doch ein paar Eis-Regeln, damit man Eis essen kann?«, fragt Anne erleichtert.

»Na klar!«, sagt Mama und drückt sie.

»Pass auf, ich sag sie dir:

- Kein Eis am Abend.
- Eis nur essen, wenn es richtig warm ist – dann kann der Körper es besser verdauen.
- Kein Eis mit Joghurt oder Früchten mischen – das ist schwer verdaulich.
- Kein heißes mit kaltem Essen mischen – also kein Vanilleeis mit heißen Himbeeren oder Schokoküchlein mit Eis.«

»Ooooh«, ruft Anne. »Das sind aber die leckersten Sachen!«

»Ich weiß«, seufzt Mama. »Und deswegen kommt kommt jetzt Regel Nummer 5 – die allerwichtigste: Wenn du richtig Lust auf Eis hast – egal ob mit oder ohne Schokoküchlein – dann gönn es dir. Ohne schlechtes Gewissen. Denn Stress und Grübeln schwächen Agni ebenfalls. Und wenn das Eis aus guten Zutaten besteht und mit Liebe gemacht ist, dann ist es sowieso besser.«

Anne strahlt Mama an.

»Und wenn man das Eis in toller Umgebung und mit lieben Menschen isst«, fügt sie hinzu.

Mama schaut sie liebevoll an. »Oh ja«, sagt sie – und gibt Anne einen dicken Kuss.

»Außerdem essen wir es separat von den anderen Mahlzeiten. Dann kühlt das restliche Essen im Magen nicht durch den Eis-Nachtisch ab – und wir können alles besser verdauen.«

»Coolio«, nickt Anne zufrieden.

Sie schlecken ihre Eiskugeln zu Ende und laufen danach gemütlich zum Auto zurück.

Während sie laufen, kommt Anne ein Gedanke.

»Du hast doch vorhin gesagt, man soll kein Eis essen im Winter oder wenn der Sommer kalt ist.«

»Ja, das stimmt«, sagt Mama.

»Was ist denn ein kalter Sommer? Wir haben jetzt April. Heißt das, bis 15 Grad kein Eis und erst ab 25 Grad darf ich dann wieder?«, fragt Anne neugierig.

Mama überlegt kurz.

»Das ist eine interessante Schlussfolgerung. So habe ich das noch nie gesehen. Aber nein, so einfach kann man es nicht an der Temperatur ablesen. Warte mal, ich habe eine Idee. Ich erkläre es dir, wenn wir gleich im Auto sind.«

Anne war jetzt richtig gespannt und geht gleich ein bisschen schneller.

Im Auto angekommen, platzt sie fast vor Neugier. »Jetzt erzähl schon!«

»Okay, okay«, lacht Mama. »Hier, nimm mal das Buch für Ben und blätter zu der Seite mit dem Jahreszeiten-Überblick.«

Anne runzelt kurz die Stirn, sucht aber sofort nach der Seite. Mama hat fast immer einen Hintergedanken – und meistens ergibt er am Ende sogar Sinn. Auch wenn Anne das manchmal nicht zugeben will.

»Bereit für eine kleine Ayurveda-Lektion?«, fragt Mama.

»Ja klar, los jetzt!«, drängt Anne.

»Gut«, beginnt Mama. »Du weißt ja schon, dass die Doshas nicht nur bei Menschen eine Rolle spielen, sondern auch bei den Tageszeiten. Von ca. 6 bis 10 Uhr morgens und abends von 18 bis 22 Uhr – welches Dosha herrscht da?«

»Kapha!«, ruft Anne. »Deswegen machen wir da Dinacharya, Yoga oder so und starten langsam in den Tag – oder aus dem Tag raus. Und wir essen nichts Schweres, weil Agni noch oder wieder langsam ist!«

Anne grinst stolz.

»Warte! Ich weiß auch noch, wann Vata dran ist!«, gluckst Anne.

»Jetzt bin ich aber gespannt«, sagt Mama.

»Vata ist von 14 bis 18 Uhr und nachts von 2 bis 6 Uhr. Da sind wir kreativ und langsam fahren wir runter, damit wir gut in die nächste Kapha-Zeit starten. Emily und ich haben da immer die besten Ideen beim Spielen«, erzählt Anne stolz.

Mama klatscht in die Hände. »Sehr gut. Und jetzt pass auf: So wie unser innerer Tages-Rhythmus von den Doshas beeinflusst wird, so ist es auch mit den Jahreszeiten. Im Ayurveda nennt man das Prinzip Kala. Das bedeutet ›Zeit‹ – und meint, dass alles im Leben im Rhythmus mit der Natur abläuft.«

»Wie viele Jahreszeiten siehst du auf dem Bild?«, fragt Mama.

»Vier: Frühling, Sommer, Herbst und Winter«, zählt Anne auf.

»Im Ayurveda gibt es diese auch, aber wir ergänzen sie noch etwas. So kommen wir auf sechs Jahreszeiten.«

»Aha – und woher sollen die denn kommen? Heißen

die auch Frühling und so? Und wo sollen die auf dem Bild hinpassen?«, fragt Anne skeptisch.

»Gute Fragen – und ich habe die Antworten parat«, lächelt Mama. »Im Ayurveda heißen die Jahreszeiten Ritus.«

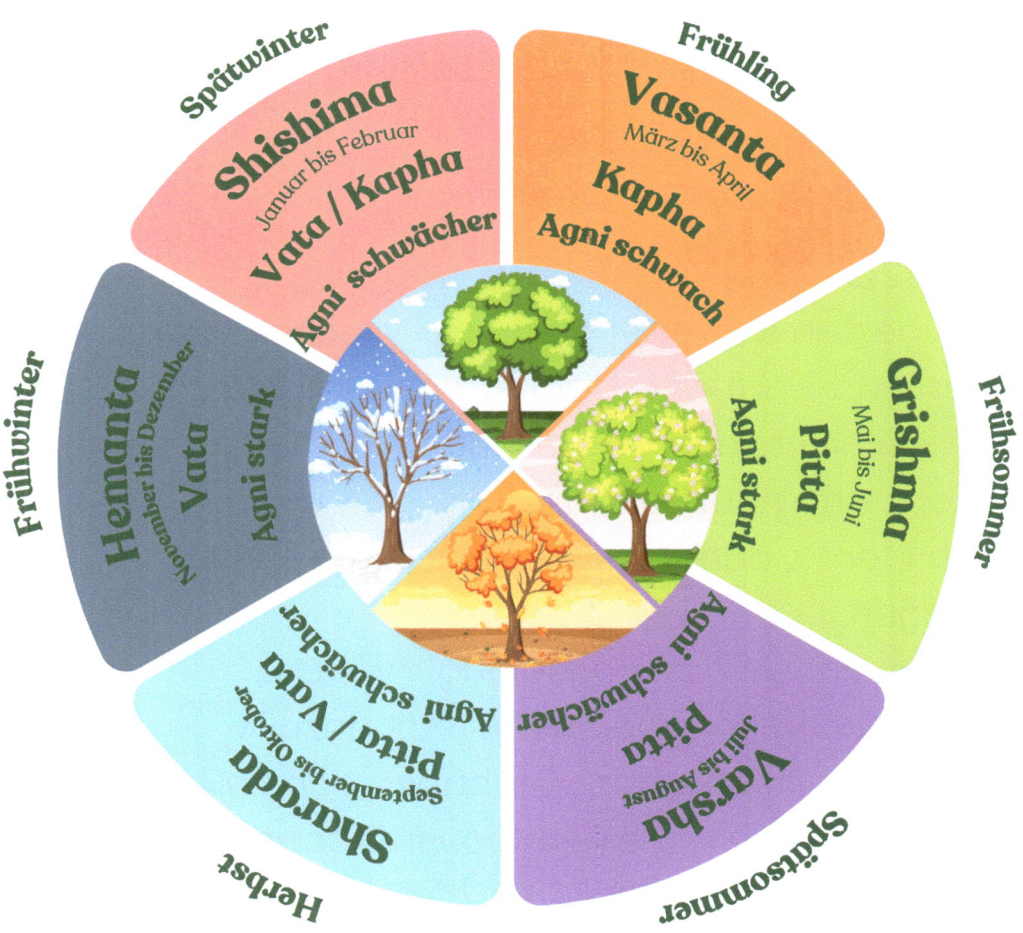

»Die äußeren Umstände wie Wetter und Temperatur haben einen großen Einfluss auf unsere Doshas und auf unser Agni«, erklärt Mama. »Deshalb gibt der Ayurveda auch saisonale Empfehlungen. Damit ist gemeint, dass man zum Beispiel bestimmte Lebensmittel nur zu bestimmten Jahreszeiten essen sollte – damit das vorherrschende Dosha in Balance bleibt.«

»Klingt logisch«, sagt Anne. »Also kein Eis im Winter, weil unser Agni durch die Kälte langsamer ist und mehr Zeit braucht, um wieder richtig zu brennen.«

»Am besten schreibst du in drei Wochen meine Ayurveda-Prüfung«, lacht Mama. »Ich muss dir wirklich nichts mehr beibringen – du hast das Prinzip schon richtig gut verstanden!«

»Ach Mama, danke«, sagt Anne ein bisschen verlegen.

»So«, meint sie dann neugierig. »Welche Jahreszeiten kommen denn jetzt dazu?«

»Also«, beginnt Mama, »wir haben den Frühling – März bis April – mit einem hohen Kapha-Anteil und einem schwachen Agni. Das bleibt so. Dann kommt der Sommer, den der Ayurveda in zwei Teile unterteilt: Der frühe Sommer geht von Mai bis Juni.

Da steigt das Pitta an und unser Agni wird wieder stark. Im späten Sommer – Juli bis August – bleibt Pitta sehr hoch, aber das Agni wird wieder schwächer.«

»Bis jetzt komm ich noch mit«, sagt Anne und zieht die Augenbrauen hoch.

»Super«, nickt Mama. »Weiter geht's: Der Herbst – wie auch im Buch – geht von September bis Oktober. Unser Pitta ist dann noch stark, aber Vata beginnt zu steigen. Es wird windiger, regnet öfter, die Blätter fallen – der Herbst eben.«

»Dann sind wir im Winter angekommen, der im Ayurveda auch zweigeteilt ist: Der frühe Winter – November bis Dezember – bringt viel Vata, aber ein starkes Agni. Danach folgt der späte Winter – Januar bis Februar – mit weiterhin hohem Vata, einem schwächer werdenden Agni und einem ansteigenden Kapha.«

Mama reckt die Arme in die Höhe. »Tadaa – einmal mit Ayurveda durchs ganze Jahr!«

Anne muss lachen. »Also müsste man auf dem Bild im Buch eigentlich nur einen Strich bei Sommer und Winter dazumalen und die Jahreszeiten aufteilen.«

»Exakt!«, sagt Mama.

»Das kann ich mir gut merken«, findet Anne.

»Apropos merken«, sagt Mama und schaut auf die Uhr. »Ich merke gerade, dass wir deinen Bruder in zehn Minuten vom Training abholen müssen. Vor lauter Quatschen müssen wir jetzt ein bisschen Gas geben.«

Sie schnallen sich an und fahren los. Nachdem sie Aaron vom Fußball abgeholt haben, geht es direkt nach Hause. Papa ist schon da und hat die vorgekochte Suppe aufgewärmt, damit sie gemeinsam essen können.

Beim Abendessen erzählen alle, wie ihr Tag war: Aaron berichtet begeistert vom Training, Anne schwärmt davon, wie sie das schöne Buch für Ben gefunden hat, und Papa erzählt ein bisschen von der Arbeit – aber nicht zu viel, denn über seinen nervigen Kollegen will er sich heute nicht aufregen.

»Besser so«, sagt Mama. »Denn beim Essen sollte man, ayurvedisch gesehen, nur über schöne Dinge sprechen. Sonst isst man die schlechte Laune mit.«

Der Kindergeburtstag am Sonntag ist wunderschön. Tante Tilda freut sich riesig, alle zu sehen, und Ben ist von seinem Geschenk begeistert.

Ein paar Freunde feiern mit ihm, deshalb hat er gar

keine Zeit, sich das Buch in aller Ruhe anzusehen –
aber er nimmt es mehrmals in die Hand und
bedankt sich immer wieder bei Anne und der
Familie.

Es gibt jede Menge Kuchen und Sahnetorte,
Obstplatten, Limonade – und später Hamburger für
alle.

Abends liegt Anne in ihrem Bett und spürt, wie
schwer ihr das Essen im Magen liegt. Früher hätte
sie das gar nicht bemerkt. Aber seit sie die
ayurvedischen Regeln besser kennt, merkt sie sofort,
wenn etwas nicht passt.

»Es ist April«, denkt sie. »Also habe ich gerade ein
schwaches Agni. Und Sahnetorte ist jetzt nicht
gerade das Beste – das erhöht Kapha.«

Aber dann erinnert sie sich: Mama hat gesagt, dass
man so etwas lieber mit gutem Gewissen essen
sollte. Denn wenn man beim Essen Stress hat oder
sich schuldig fühlt, dann steigt das Vata – und eine
Kombination aus erhöhtem Kapha und Vata will
Anne wirklich nicht.

Sie schließt die Augen und versucht zu schlafen.

Kapitel 9:
Durchgewirbelt

Die Wochen verfliegen. Anne, Aaron und Mama lernen fleißig für ihre Prüfungen. Jeden Nachmittag sitzen sie zusammen am Esstisch und pauken. Bei Anne und Aaron stehen viele Tests an. Nur noch April und Mai – und dann geht es auch schon Richtung Zeugnisnoten. Die Lehrer in Annes Klasse betonen das immer wieder. Anne kann es fast schon nicht mehr hören.

Manchmal wird ihr dieser Druck auch zu viel. Dann zieht sie sich genervt zurück. Sie versucht, in allem gut zu sein, aber oft ist es so viel, dass sie gar nicht mehr weiß, wo sie überhaupt anfangen soll zu lernen. Ayurvedisch betrachtet weiß sie inzwischen, dass ihr Vata ziemlich hoch ist. Nicht nur die Gedanken und die vielen Test-Termine wirbeln in ihrem Kopf herum – sie hat oft keine Ahnung mehr, was alles noch kommt oder offen ist.

Anne hat neu gelernt, dass es sich dabei um das Element Äther handelt. Das heißt so viel wie Raum – und es gehört zu Vata. Mama hat ihr das neulich so erklärt: »Jedem Dosha sind zwei Elemente zugeordnet. Vata hat Luft und Äther. Pitta besitzt Feuer und Wasser. Kapha besteht aus Wasser und Erde. Die jeweiligen Eigenschaften von einem Dosha finden sich auch hier wieder. Luft wie Vata ist zum Beispiel beweglich, fein, kalt und trocken – so wie Wind.

Man bezeichnet die fünf Elemente als Mahabutas: Luft, Äther, Wasser, Feuer und Erde. So wie diese Elemente auf die Umwelt wirken – den Makrokosmos – wirken sie auch auf den Menschen – den Mikrokosmos. Das heißt, dass sich diese Elemente in Form ihrer Eigenschaften und Funktionen auf den Menschen übertragen.«

»Und wie kriege ich jetzt den Raum – also diesen Äther – in den Griff?«, möchte Anne wissen.

»Mach dir die Dinge klein«, gibt Mama den Tipp.

»Was heißt das denn genau?«, schaut Aaron beide an. Er hört ihnen die ganze Zeit zu.

»Naja«, sagt Mama. »Stell dir vor, du bist in einem großen Raum. Er ist so groß, dass du gar nicht mehr richtig sehen kannst, was alles darin steht oder an den Wänden hängt. Was machst du?«

»Ich gehe raus und woanders hin«, zuckt Aaron mit den Schultern.

»Ich weiß nicht, ob das Mama hören wollte«, kichert Anne.

»Die Antwort ist ganz gut«, gibt Mama zu. »Du gehst

erst einmal von der Situation weg und sortierst dich neu. Du machst dir einen groben neuen Plan und gehst mit diesem wieder in den Raum. Was könnte der neue Plan sein?«

Anne und Aaron überlegen.

»Ich fange zuerst in einer Ecke an und schaue, was es da alles gibt«, sagt Aaron schließlich.

»Prima!«, ruft Mama. »Genau das ist es. Du machst die Dinge klein und für dich überschaubar. Dosha wieder ausbalanciert!«

»Ahhhh«, tönt es gleichzeitig aus Annes und Aarons Mund.

Mama ergänzt noch ihre Erklärung zu den Mahabutas: »Die Mahabutas lassen sich – genauso wie die Gunas und Doshas – auf die Natur, Tiere und Dinge beziehen. Alles, was wir in der Welt wahrnehmen, setzt sich daraus zusammen. Hier ein Beispiel, damit ihr euch das besser vorstellen könnt: Wasser ist flüssig. Wenn es gefriert und zu Eis wird, ist es fest – also wie Erde. Verdampfen wir das Wasser, geht es in die Luft. Für das Verdampfen brauchen wir Hitze – und das ist Feuer. Ihr seht, alles ist miteinander verbunden.«

Zum Glück hat Anne Mama, die ihr ihren Raum

immer wieder kleiner macht und den Überblick behält. Aber auch sie wirft manchmal einiges durcheinander. Neulich hat sie zwei Tests mit den Terminen von Aaron vertauscht. Das hatte zur Folge, dass die drei abends noch schnell für die jeweilige Arbeit lernen mussten, die eigentlich erst für die kommende Woche geplant war.

Vor lauter schlechtem Gewissen hat Mama zum Lernen »Energie-Bällchen« gezaubert. Die waren sehr lecker.

Ob es an den Bällchen, der Lernenergie oder einfach am Glück lag – am Ende ist noch einmal alles gut gegangen. Anne hat eine Drei in Sachkunde geschrieben. Das hätte viel schlimmer ausgehen können. Anne und Aaron waren erleichtert, dass der

Teststress endlich von ihnen abfiel.

Bei Mama sieht es allerdings etwas anders aus. Je näher der Prüfungstag ihrer Ayurveda-Prüfung rückt, desto zappeliger, gestresster und trauriger wirkt sie. Sie versucht schon mit sämtlichen ayurvedischen Tipps, beim Lernen ruhig zu bleiben, aber es will ihr einfach nicht gelingen.

Es ist eine Woche vor der Prüfung. Familie Hanken sitzt beim Frühstück. Heute gibt es Porridge mit warmem Früchtekompott. Aaron flitzt danach direkt in sein Zimmer. Er hat ein neues Projekt und baut ein Lego-Arktis-Forschungsschiff. Wahrscheinlich werden ihn Anne, Mama und Papa erst wieder zum Essen zu Gesicht bekommen. Er kann stundenlang puzzeln oder Dinge zusammenbauen.

Anne weiß noch nicht so recht, was sie heute machen möchte. Sie geht in ihr Zimmer und fängt verschiedene Dinge an, aber so richtig einen Plan hat sie nicht. Gelangweilt geht sie wieder nach unten ins Wohnzimmer. Mama und Papa sitzen auf der Couch – Mama wie ein Häufchen Elend in Papas Armen. Irgendwie tut sie Anne leid.

»Mama, alles okay?«

»Nein, nichts ist okay! Ich bin total durch und raffe

gar nichts mehr«, schluchzt sie.

Papa schaut Anne an und sagt mit gespielter Ernsthaftigkeit: »Wir haben eine absolute Lernkrise. So wie du und Aaron neulich. Nur bei Mama ist es viel schlimmer!«

»Mach dich nur lustig über mich«, kneift Mama ihn in die Seite. »Der ganze Lernstoff ist so schwer. Ich muss sämtliche Fachbegriffe auf Sanskrit können. Ich weiß zum Teil gar nicht, wie man die ausspricht. Ich schmeiße alles durcheinander.«

Papa sieht Anne verwirrt an.

»Sanskrit ist indisch«, flüstert Anne Papa zu.

Dieser bedankt sich mit einem leisen: »Ahhhh!« Er redet beruhigend auf Mama ein und versucht, sie zu motivieren – aber es will ihm nicht so recht gelingen.

Da kommt Anne eine Idee. »Mama, weißt du noch, als du uns auf der Fahrt zum Zoo die Doshas erklärt hast?«

»Ja«, sagt Mama verzweifelt.

»Du hast den Podcast mit ‚Willkommen im Reich des Ayurveda' angefangen. Alles, was du mir seitdem über den Ayurveda erzählt hast, stelle ich mir bildlich mit Eselsbrücken im Reich des Ayurveda vor. Frau Mansion-König hat uns diese Lernmethode einmal gezeigt. Man soll sich zum Beispiel, um Vokabeln besser zu merken, lustige Sätze oder Bilder überlegen. Je verrückter die Geschichte, desto besser kann man sich die Dinge merken.

Und ich habe mir schon ein kleines Reich des Ayurveda aufgebaut. Es ist noch nicht ganz fertig. Wenn du magst – und es dir hilft – dann können wir uns doch zusammen ein tolles Reich des Ayurveda überlegen. Was meinst du?«

Sie sieht Mama leicht verunsichert an. Mama liegt immer noch auf der Couch und schaut an die Decke. Sie überlegt. Papa und Anne schauen sich an. Kommt noch eine Antwort?

Nach einer Minute entfleucht Mama ein großer Seufzer. Sie setzt sich ruckartig auf und grinst Anne an.

»Mein Schatz, du bist ein absolutes Genie!«

Anne und Papa atmen erleichtert aus. Die Idee scheint also gut angekommen zu sein. Nicht nur das– Mama springt auf:

»Ich mache uns jetzt etwas Leckeres zu trinken, und dann legen wir los. Wollen wir in dein Zimmer gehen oder hier im Wohnzimmer bleiben?«

Bevor Anne antworten kann, ruft Papa schnell dazwischen:

»Annes Zimmer. Heute ist Champions-League-Finale. Dann kann ich in Ruhe Fußball gucken. Aaron kommt auch dazu. Dann habt ihr oben eure Ruhe.«

Mama sagt: »Gutes Argument. Anne, es wird dein Zimmer. Jetzt bin ich irgendwie aufgeregt.«

Anne lacht. Es freut sie sehr, dass sie Mama aus ihrer Traurigkeit herausholen konnte. Sie flitzen beide in die Küche, decken sich mit Getränken und kleinen Snacks ein und gehen in Annes Zimmer. Sie setzen sich auf den Boden. Anne holt ihre Bunt- und Filzstifte und einen DIN-A3-Block.

»Na dann wollen wir mal. Wie fangen wir am besten an?«, fragt Mama. »Hmm?«, überlegt Anne. »Ich kann dir ja meine Vorstellung erzählen, und du kannst sagen, ob das gut ist. Dann überlegen wir zusammen, welche Begriffe du brauchst und welche unbedingt in unser Ayurveda-Reich müssen. Das weiß ich nämlich nicht so genau. Denk dran, wir machen die Dinge klein, dann kann man sie sich besser merken. Also kleine Räume im Reich des Ayurveda«, kichert Anne.

Mama schaut sie schelmisch an. »Da hast du ja einen guten Tipp von jemandem bekommen.« »Allerdings«, sagt Anne. »Komm, wir legen los.«

Sie schreiben zunächst alle Begriffe auf. Dann überlegen sie sich Bilder und Orte im Reich des Ayurveda, die sie mit den Begriffen verknüpfen.

Je mehr sie darüber sprechen, desto mehr geraten sie regelrecht in Ekstase. Die Ideen sprudeln nur so aus den beiden heraus. Anne und Mama ergänzen sich super – Anne mit ihrem Ideenreichtum und Mama mit ihrem ganzen Wissen.

Nach drei Stunden raucht beiden ganz schön der Kopf. Aber sie sind glücklich und zufrieden. Das Reich des Ayurveda ist geboren, und beide würden am liebsten den ganzen Tag dort verbringen!

Voller Stolz auf ihr Werk, aber müde und bereit für eine Pause, gehen sie zu Papa und Aaron ins Wohnzimmer. Die zweite Halbzeit Fußball hat gerade angefangen. Beide schauen mit, schlafen aber nach wenigen Minuten auf der Couch ein.

Am Samstag darauf ist es dann so weit. Mamas Prüfung steht an. Zuerst ein schriftlicher Test. Er dauert sechzig Minuten. Mama muss achtzig Fragen zu allen Themen des Ayurveda beantworten. Wenn sie diesen bestanden hat, muss sie noch einmal in ein Prüfungsgespräch. Erst wenn auch das erfolgreich ist, dann hat sie bestanden und darf sich ayurvedische Ernährungsberaterin nennen.

Nicht nur Mama, auch der Rest der Familie ist ziemlich aufgeregt. Aaron hat an diesem Tag ein Fußballspiel. Papa und Anne gehen mit zum Anfeuern, damit Mama in Ruhe ihre Prüfung schreiben kann.

An diesem Samstag stehen alle etwas früher auf. Nach dem Frühstück drücken Anne und Aaron Mama noch einmal ganz fest.

»Mama, wir sind jetzt schon mega stolz auf dich, und du wirst das schaffen«, motiviert sie Aaron. Er fällt Mama um den Hals und drückt sie.

Mama ist den Tränen nahe. Anne kommt direkt mit dazu.

»Schau mal, ich habe dir gestern einen Glücksbringer gebastelt.« Sie übergibt Mama eine kleine Perlenkette. »Die kannst du während der Prüfung tragen. Dann weißt du, dass wir die ganze Zeit bei dir sind.«

»Ach, Liebes«, drückt Mama sie ganz fest an sich. »Ihr zwei seid Zucker. Ich bin so dankbar für euch. Danke für eure Hilfe und Unterstützung.«

Sie nimmt die Kette und zieht sie direkt an.

Papa kommt zum Schluss. »Ich denke an dich. Du bist großartig und wirst das prima schaffen. Du und Anne, ihr habt so toll gelernt. Zeig's ihnen.«

Er nimmt Mama und gibt ihr einen langen Kuss.

»Schreib mir oder ruf mich an, wenn du fertig bist, und wir kommen.«

»Alles klar. Das mache ich«, sagt eine sichtlich ergriffene Mama.

»Aaron, ich drücke dir ganz doll die Daumen. Macht die TSG rund«, feuert sie ihren Sohn mit einem Augenzwinkern an.

»Sowas von!«, brüllt Aaron zurück. Er ist schon aus der Tür raus, auf dem Weg zum Auto. Anne und Papa drücken Mama noch ein letztes Mal.

Die drei fahren im Auto los.

»Und, was denkst du?«, fragt Anne Papa.

»Ich habe ein gutes Gefühl«, antwortet er. »Mama kann mehr, als sie sich selbst zutraut. Manchmal müssen wir sie besonders anfeuern. Einfach wird es nicht, aber sie wird es definitiv schaffen. Was glaubst du?«

»Ich glaube auch, dass sie es schafft«, sagt sie überzeugt. »Wir haben so viel mit dem Reich des Ayurveda gelernt, da wird sie die Zusammenhänge ganz schnell wissen und sofort antworten können.«

»Ich bin ja auch gespannt, was ihr zwei euch mit diesem Ayurveda-Reich überlegt habt«, grinst Papa.

»Das ist eine richtig tolle Idee«, sprudelt es aus Anne heraus. »Du wirst schon sehen.«

»Ich sehe auch was. Tommi und Samed sind schon da«, ruft Aaron. Vor wichtigen Spielen ist er immer sehr aufgeregt.

Papa parkt das Auto.

»Bist du bereit, Champ?«, fragt er Aaron.

»Ja!«, antwortet Aaron selbstsicher.

»Das wollte ich hören«, fordert ihn Papa auf. »Los geht's.«

Sie steigen aus. Aaron läuft direkt zu seinen Freunden. Sie gehen mit dem Trainer und dem Rest der Mannschaft in die Kabine zum Umziehen und zur

Teambesprechung.

Anne und Papa suchen sich ein Plätzchen auf dem Fußballplatz. Zum Glück sind hier diesmal Bänke zum Sitzen. Anne sitzt lieber bei den Spielen.

Bei Papa und Mama bringt das nicht so viel. Sie springen vor Begeisterung oder Empörung meistens alle paar Minuten auf und versuchen so, Aaron und seine Mannschaft anzufeuern.

Die erste Halbzeit beginnt. Das Spiel läuft mäßig, aber Aarons Mannschaft kann zwei Tore schießen. In der vierzigsten Minute dann das 2:1. Ärgerlich!

In der Halbzeit besprechen sich die Mannschaften.

»Hat sich Mama schon gemeldet?«, fragt Anne.

»Nein, bis jetzt kein Lebenszeichen«, antwortet Papa mit einer tiefen Stirnfalte. Anne kennt Papa. Er tut immer cool in solchen Situationen, aber man merkt, dass auch er aufgeregt ist. Während des Spiels schaut er alle paar Minuten auf sein Handy. Jedes Mal atmet er enttäuscht aus und bekommt mehr Sorgenfalten.

»Sollen wir ihr mal schreiben?«, fragt Anne.

»Nein. Wir lassen Mama mal in Ruhe. Sie wird sich schon melden, auch wenn ich vor Neugierde und ein bisschen Sorge fast platze«, gibt er zu.

»Eigentlich müsste sie jetzt in der mündlichen Prüfung sein.«

»Ich bin so aufgeregt, als ob ich selbst eine Prüfung schreibe. Jetzt weiß ich, wie du und Mama euch fühlt, wenn wir wichtige Arbeiten schreiben.«

»Das ist doch mal eine Erkenntnis«, nickt Papa.

»Oh, es geht weiter. Aaron, looosssss!«, brüllt er über den ganzen Platz. Anne muss lachen.

Die zweite Halbzeit läuft. Der Ausgleich zum 2:2 in der fünfundfünfzigsten Minute. Sämtliche Mamas und Papas fluchen vom Spielrand und rufen lautstark Anweisungen über den Platz. Anne fiebert mit. Das Spiel nimmt weiter an Fahrt auf und wird immer spannender. Aaron läuft, was das Zeug hält, und seine Mannschaft hat eine Torchance nach der anderen. Aber so richtig will der Ball nicht ins Netz.

Noch zwei Minuten bis Spielende. Der gesamte Fußballplatz brüllt, ruft und feuert an. Selbst Anne springt auf. Und da ist es: das Tor zum Sieg in der neunundachtzigsten Minute! Der Fußballplatz bebt. Papa schreit und jubelt, was das Zeug hält. Der Schiedsrichter pfeift ab. Aaron kommt über den Platz gerannt und fällt Papa in die Arme. Was für eine Freude!

Plötzlich schaut Papa auf sein Handy und fängt wieder an zu jubeln: »Ja, ja, ja! Mama hat's geschafft!«

»Wohu!«, rasten auch Anne und Aaron aus. Papa wählt sofort Mamas Nummer. Als sie ans Handy geht, schreien und gratulieren die drei erst einmal in den Hörer. Man versteht kein Wort. Außer den dreien jubelt ja noch der ganze Fußballplatz.

»Wir sind in einer halben Stunde zu Hause, Schatz«, schreit Papa ins Telefon.

»Ja, okay.« Er legt auf.

»Ich habe nur die Hälfte verstanden. Mama erzählt sicherlich gleich mehr. Sportsfreund, zieh dich um und verabschiede dich. Ihr feiert bestimmt am Donnerstag im Training noch einmal«, sagt er zu Aaron gewandt. Schon flitzt dieser in die Kabine.

Anne atmet tief durch. Was für ein nervenaufreibender Samstag.

Wenig später sitzen sie im Auto.

»Was hältst du davon, wenn wir Mama ein paar Blumen schenken?«, fragt sie Papa.

»Mausi, das war Gedankenübertragung. Ich hatte eben dieselbe Idee. Aaron, ist es okay, wenn wir kurz beim Blumenladen Halt machen?«

»Was? Jaja«, murmelte es von der Rückbank. Aaron ist fix und fertig. Er ist heute um sein Leben gerannt und kurz vorm Einschlafen.

»Ich bleibe dann aber im Auto«, sagt er.

»Das ist kein Problem«, kommentiert Papa.

Sie halten an Dörtes Blumenparadies. Mama liebt Rosen und Dahlien in allen Farben. Also wird es ein bunter Strauß.

Zuhause angekommen, reißt Mama mit einem Strahlen die Haustür auf.

»Wo ist mein Champion?«, ruft sie Aaron mit weit ausgestreckten Armen zu.

Er fällt in ihre Arme und lässt sich erst einmal durchknuddeln.

»Und wo ist unsere Championin?«, ruft Papa.

»Gruppenkuscheln!«, schreit Anne. Papa und sie umarmen Mama und Aaron. Wie ein riesengroßes Knäuel stehen sie alle in der Haustür.

»Heute ist ein Tag für Sieger«, stellt Papa fest.

»Jetzt erzähl schon! Ich will alles wissen«, zerrt Anne an Mamas Arm.

»Lasst uns erst einmal reingehen. Ich habe schon das Essen im Ofen, das müsste gleich fertig sein.

Ich habe einen riesigen Hunger – und ihr?«, schaut sie in die Gesichter ihrer Liebsten.

»Und wir erst. Aber der kleine Stinker hier geht vorher noch duschen«, neckt Papa Aaron.

»Ey«, beschwert sich dieser. »So schlimm ist es gar nicht.«

»Oh doch«, hält sich Anne die Nase zu und huscht an ihm vorbei.

Während Aaron duscht und Papa das Trikot in die Waschmaschine steckt, warten Anne und Mama in der Küche. Anne ist einfach zu aufgeregt. Sie wuselt permanent um Mama herum, in der Hoffnung, dass sie gleich alles berichtet. Mama lacht.

»Komm her, du Rübe«, sagt sie. Sie nimmt Anne in den Arm.

Anne schaut sie erwartungsvoll an.

»Die schriftlichen Fragen waren ultra-schwer. Ich habe fast die gesamte Prüfungszeit dafür gebraucht. Weißt du, warum?«

»Sag's mir!«, bettelt Anne.

»Ich bin immer wieder die Wege und Dörfer unseres Ayurveda-Reiches durchgegangen, damit ich auch wirklich die richtigen Antworten habe.

Wir haben ein ganz schön großes Reich geschaffen«, lacht sie.

Anne muss ebenfalls schallend lachen.

»Echt? Toll, dass es dir aber geholfen hat.«

»Ja, finde ich auch«, bestätigt Mama.

»Wie viele Punkte hast du bekommen?«, ist sie neugierig.

»Man braucht mindestens fünfundsiebzig Prozent zum Bestehen – und ich habe fünfundachtzig.«

»Super! Ich bin sehr stolz auf dich.«

Papa kommt in die Küche und drückt Mama von hinten einen Kuss auf die Backe.

»Ich auch«, sagt er.

Anne nimmt die andere Backe kusstechnisch in Beschlag.

»Ich bin so erleichtert, das könnt ihr euch gar nicht vorstellen«, seufzt sie.

»Oh doch, das glaube ich dir. Wir waren auch sehr nervös und haben mitgefiebert«, berichtet Anne.

»Und die mündliche Prüfung?«, will Papa wissen.

»Total einfach. Das war eher wie ein Kaffeekränzchen«, kichert Mama. »Warum habe ich mich vorher denn so verrückt gemacht?«

Papa wirft Anne einen vielsagenden Blick zu – nach dem Motto: Hab ich doch gesagt.

Der Duft der Lasagne strömt durch die Küche und signalisiert: Essenszeit. Aaron ist mit dem Duschen fertig und kommt mit dazu. Die vier sitzen am Tisch und Aaron und Mama erzählen stolz von ihren persönlichen Prüfungen, die sie heute erfolgreich bestanden haben.

Am Ende erwähnt Mama noch beiläufig:

»Ach so, morgen kommen übrigens Oma und Opa. Oma hat mir heute mindestens vier Nachrichten während der Prüfung geschrieben und ist vorhin am Telefon völlig ausgeflippt, als sie die tolle Nachricht gehört hat.«

»Das ist typisch Rita«, kommentiert Papa lachend.

»Das Wochenende wird ja immer besser«, freut sich Anne.

»Aber ehrlich«, mischt sich nun auch Aaron ein. »Können wir morgen zur Feier des Tages Pizza essen?«

»Da hätte ich auch Lust drauf. Heute Lasagne, morgen Pizza – Bella Cucina italienisches Wochenende!«, stimmt Papa mit ein.

»Anne, wie wär's? Du und ich fahren jetzt einkaufen, und Mama und Aaron ruhen sich aus. Die zwei haben heute genug geschafft.«

»Sehr gerne«, grinst Anne.

Gesagt, getan. Anne und Papa fahren los und besorgen alles für die Pizza. Außerdem landen noch ein paar Zutaten für Muffins rein zufällig im Einkaufswagen.

Wieder zu Hause angekommen, kuscheln und quatschen die vier bis in die Abendstunden. Anne bereitet mit Mama noch den Pizzateig vor, und sie backen die Muffins. So kann jeder morgen ausschlafen, und alles ist für den Besuch von Oma und Opa vorbereitet.

Beide feilen noch an ihrer Strategie, wie sie Oma und Opa die wichtigsten Begriffe des Ayurveda beibringen können – versprochen ist schließlich versprochen. Anne sprudelt wieder vor Ideen, bis sie die dicken Augenringe bei Mama bemerkt.

»Du siehst ganz schön müde aus, Mama«, stellt sie fest.

»Ich bin hundemüde. Mir fallen gleich die Augen zu«, gesteht sie.

»Dann gehen wir jetzt schlafen. Ich überlege mir noch, wie Anne und Ayurveda-Mama Oma und Opa zu Ayurvedis machen«, kichert sie.

»Da bin ich dir sehr dankbar, Schatz«, sagt Mama.

Anne gibt Mama einen Gute-Nacht-Kuss und huscht in ihr Zimmer.

Im Bett geht sie den Tag noch einmal durch. Selten war so viel Aufregung an einem Samstag. Aber es war eine schöne und spannende Aufregung. Da wurden sie alle einmal richtig durchgewirbelt in den letzten Wochen.

Man könnte schon fast sagen: Vata-Wochen. Jetzt kehrt hoffentlich wieder etwas mehr Ruhe ein, hofft sie.

Und während sie in Ruhe denkt, kommt ihr eine tolle Idee in den Sinn.

Ja, so erklären wir Oma und Opa morgen den Ayurveda.

Glücklich und zufrieden schläft sie ein.

Kapitel 10:
Willkommen im Reich des Ayurveda

Der Sonntag startet ruhig und entspannt. Alle haben eine große Portion Schlaf nötig und kommen erst spät aus den Federn. Jeder macht sich heute mal das zum Frühstück, worauf er Lust hat. Mama sitzt bereits gemütlich auf der Couch und trinkt ihr warmes Wasser.

»Na, wie sieht's aus? Ist dir noch eine tolle Idee gekommen, wie wir Oma und Opa den Ayurveda erklären? Ich bin gestern einfach ins Bett gekippt – keine Chance mehr, an irgendetwas zu denken«, erzählt sie Anne.

»Dafür ich umso mehr«, berichtet Anne freudestrahlend.

»Ich wusste, auf dich ist Verlass!« Mama kneift beide Fäuste. »Wie machen wir's? Müssen wir noch etwas vorbereiten?«

»Eigentlich haben wir alles schon da und erledigt. Wir müssen nur unsere Karte vom Reich irgendwie hier im Wohnzimmer aufhängen.«

Papa kommt ins Wohnzimmer und hat den letzten Wortfetzen noch mitbekommen. »Ich bin schon seit einer Woche gespannt, diese Karte zu sehen. Wie groß ist die denn?«

»Ziemlich groß«, gibt Mama zu. »Wir haben acht DIN-A3-Blätter aneinandergeklebt.«

Papas Augen werden groß. Anne und Mama zucken unschuldig mit den Achseln. »Das ist in der Tat groß.« Sie überlegen gemeinsam, wo sie die Karte aufhängen. An die Tapete kommt nicht in Frage – die geht sonst kaputt, und Papa hat keine Lust zu renovieren.

Anne holt die Karte aus ihrem Zimmer, und sie probieren sämtliche Positionen aus. Schließlich entscheiden sie sich, die Karte an die Wohnzimmerwand zu kleben und das Sofa ein Stück zu verrücken.

»Ich glaube, das ist perfekt«, lächelt Mama zufrieden.

»Finde ich auch«, sagt Anne. »Oma, Opa und Papa chillen auf der Couch, und Aaron kann sich auf sein kleines Klappsofa aus dem Zimmer legen. Dann kann jeder alles sehen, während wir erklären.«

»Also, ich bin wirklich gespannt, was ihr zwei euch da ausgedacht habt«, wiederholt Papa. Er schaut sich

die Karte im Vorbeigehen immer wieder an und kratzt sich dabei am Kopf. Das macht Papa meistens, wenn er keine Ahnung von etwas hat,
aber trotzdem so neugierig ist und der Sache auf den Grund gehen möchte.

»Nur noch zwei Stunden, und dann wirst du in das Mysterium unseres Ayurveda-Reiches eingeweiht«, verspricht ihm Mama.

Alle machen sich gemütlich fertig, und dann stehen auch schon Oma und Opa vor der Tür.

Omas Grinsen reicht von der Haustür bis nach Palma de Mallorca, so groß und breit ist es. Sie quiekt vor Freude und drückt erst einmal alle Familienmitglieder durch. Für Mama hat sie einen großen Blumenstrauß und ein Glas Honig dabei.

»Andrea, mein Schatz, ich wusste nicht, was ich dir zur bestandenen Prüfung schenken kann. Ich dachte mir, Blumen und Honig sind doch was für eine Ayurveda-Mama. Ist das okay?« Sie schaut Mama fragend an.

»Mama, du bist so süß, dankeschön. Das ist perfekt.« Oma klatscht vor Freude in die Hände. Dann herzt sie wieder ihre beiden Enkel.

»Kommt her, ihr zwei. Ich habe gehört, hier steht einer kurz vor einem Liga-Aufstieg?«

»Ja, wir haben die TSG gestern richtig fertig gemacht«, beginnt Aaron zu erzählen.

»Ich will jede Einzelheit wissen«, mischt sich Opa ein. »Das nächste Mal bin ich beim Spiel dabei. Gestern waren wir bei Gertrude und Kurt auf dem Geburtstag. War totenlangweilig, das hätten wir uns auch sparen können.«

Oma wirft ihm einen vielsagenden Blick zu. Anne und Papa lachen schallend. Das ist typisch Opa. Er sagt immer frei heraus, was er denkt. Anne findet das super. Oma ist es manchmal, glaubt sie, etwas peinlich.

Nach dem Anfangsgequatsche und dem sich auf den neuesten Stand bringen wird erst einmal zu Mittag gegessen. Die Pizza ist bereits fertig und wird von allen mit Appetit verschlungen.

Mama ist etwas im Essensverzug – sie muss Oma

alle Einzelheiten ihrer Prüfung berichten, und Oma möchte natürlich wissen, ob auch die Pizza ayurvedisch ist.

»Ist sie. Hau rein«, informiert sie Aaron trocken.

Alle prusten vor Lachen.

Nach Mamas detaillierter Aufzählung, dass mehr Gewürze für jedes Dosha in der Tomatensauce sind und sie auf der einen Pizza den Gouda-Käse durch Feta-Käse ersetzt hat, geht es an den Abwasch – und von da direkt auf die Couch

»Auch wenn ich mich jetzt zum zehnten Mal wiederhole: Ich bin wirklich gespannt, was ihr da gezaubert habt«, ist Papa motiviert. »Ich sitze hier. Klaus und Rita, setzt euch dorthin – da könnt ihr am besten sehen.«

»Ei der Daus«, ruft Opa aus, als er das Poster mit der Landkarte an der Wohnzimmerwand sieht. »Rita, haben wir unsere Brillen dabei?«

»Ja, in meiner Tasche«, antwortet Oma, ins Wohnzimmer kommend. »Ach, wie schön. Da habt ihr euch ja Mühe gemacht. Moment, ich hole die Brillen.« Oma dreht direkt wieder um und kramt die Brillen aus der Handtasche im Flur.

Aaron und Papa sitzen schon auf ihren Plätzen und warten auf die älteren Herrschaften. Aaron hat es sich auf seinem Klappsofa mit Kissen gemütlich gemacht.

»Wann geht's denn endlich los?«, ruft er.

»Ich komme schon, ich komme schon«, sprintet Oma auf die Couch.

Mama und Anne bringen allen noch schnell etwas zu trinken, und dann ist endlich der Moment gekommen.

Mama eröffnet den Vortrag: »Liebe Familie! Anne und ich heißen euch herzlich willkommen. Heute geht ihr mit uns auf eine Reise in ein Land, das weitentfernt und doch so nah bei uns liegt.« Sie dreht sich theatralisch um und zeigt auf die Landkarte. Gemeinsam rufen sie und Anne: »Willkommen im Reich des Ayurveda!«

Die Familienmitglieder brechen in tosenden Applaus aus. Papa pfeift durch die Finger. Anne beschwichtigt lachend mit den Händen und erzählt weiter: »Macht es euch gemütlich, denn es gibt eine Menge zu entdecken. Mama und ich erzählen euch nun abwechselnd, wo wir uns befinden, was es ayurvedisch damit auf sich hat und welche

Menschen dort leben. Am Ende unserer Reise seid ihr hoffentlich alle Ayurvedis und findet euch im Reich zurecht. Ihr könnt am Ende Fragen stellen. Seid ihr bereit?«

Mit einem lautstarken Jubel von Papa, Aaron, Oma und Opa beginnt also die Geschichte vom Reich des Ayurveda:

»Willkommen im Reich des Ayurveda. Ihr fragt euch vielleicht, wo es liegt? Das ist ganz einfach: direkt vor euren Augen. Ihr müsst nur genau hinsehen und euch dafür öffnen. Je mehr ihr hinseht und die Tipps des Ayurveda befolgt, desto mehr werdet ihr verstehen und in das Reich hineingesogen.

REICH DES AYURVEDA

DHATU ALLÉE

VATA-VALLEY

PITTA-CITY

KAPHA-TOWN

PLAZA DEL TRISDOSHA

SROTAS

AGNI

Nordwestlich betretet ihr das Reich über das Meer und gelangt auf das Gebiet der Doshas. Die drei Doshas im Ayurveda heißen »Vata«, »Pitta« und »Kapha«. Dosha heißt übersetzt: »das, was sich verändern und verderben kann«. Verderben bedeutet so viel wie »faulen« oder »schlecht werden«. Schon bei der Geburt ist festgelegt, welcher Grundkonstitutionstyp man ist und welches Dosha man hat. Das nennt man »Prakriti«. Jeder Mensch trägt alle drei Doshas in sich – nur in unterschiedlichen Anteilen. Es gibt Menschen, die haben vorrangig nur ein Dosha, und einige mit einer Mischform, zum Beispiel ein Vata-Pitta. Menschen, die zu gleichen Teilen alle drei Doshas haben, bezeichnet man als Tridosha. Die Menschen leben hier in den Städten nach ihren vorherrschenden Doshas.

Da haben wir zum einen Pitta-City (gesprochen: Pitta-Siti). Pitta-City ist eine sehr moderne Stadt. Menschen, die hier leben, sind ehrgeizig, organisiert und strukturiert. Man findet viele Hochhäuser, Banken und Firmen. An den Eingängen der Häuser stehen die Eigenschaften von Pitta: flüssig, scharf, sauer, ölig und beweglich wie eine Flüssigkeit.

Die Leute im Reich des Ayurveda kommen meistens für Verhandlungen und um Geschäfte zu machen nach Pitta-City. Denn ihre Bewohner können gut reden und hervorragend Entscheidungen treffen. Man darf ihnen nicht zu viele Einschränkungen geben, denn sie lieben und brauchen ihren Freiraum.

Dort können sie sich am besten entfalten.

Aber nicht nur das – auch wichtige Sportveranstaltungen finden hier statt. Vom Körperbau her sind Pittas nämlich muskulös und athletisch und lieben es, sportlich richtig Gas zu geben. Man erkennt typische Pittas an ihren mittelgroßen Augen, der mittleren Körpergröße und den kantigen Gesichtszügen. Aber auch die ein oder andere Sommersprosse und rötliche Haare sind bei ihnen zu finden.

Da Pittas eine gute Verdauung haben, essen sie viel und vertragen fast alles gut. Oft essen sie sehr schnell, damit sie gleich wieder in ihre Arbeit oder ihr Projekt zurückkehren können. Manchmal übertreiben sie es leider mit ihrem Drang, alles perfekt machen zu wollen. Dann werden sie gereizt, ungeduldig – und wenn die Dinge gar nicht so laufen, wie sie es sich vorgestellt haben, dann werden sie richtig wütend. Man sollte ihnen in solchen Momenten am besten kurz aus dem Weg gehen.

Am Rathaus in Pitta-City steht ein modernes Standbild. Auf ihm zu sehen sind der mittlere Bauchraum, speziell die Region des unteren Magens, des Dünndarms und der Leber. Hier ist der Sitz von Pitta. Es soll die Menschen jeden Tag daran erinnern, ihr Pitta im Gleichgewicht zu halten. Denn sonst kann es bei diesen Organen zu Pitta-Störungen kommen – wie Sodbrennen, Magenbrennen, Hautbeschwerden, Herz-Kreislauf-Problemen, Entzündungen und Infektionen.

Westlich von Pitta-City liegt Kapha-Town (gesproch-

en: Kaffa-Toun). Diese Stadt und ihre Menschen sind das genaue Gegenteil von Pitta. Allein das Stadtbild ist ganz anders: Die Häuser sind klein und gemütlich, meist mit einem Garten oder Balkon. Es grünt überall und lädt zum Verweilen ein.

Kommt man nach Kapha-Town hinein, stehen auf einem Torbogen die Eigenschaften von Kapha: ölig, kühl, schwer, süß, stabil, schleimig bzw. klebrig und weich.

Einen Kapha erkennt man sofort an seiner ruhigen und entspannten Art. Im Gegensatz zu Pitta ist er gelassen, hat viel Geduld und Ausdauer. Wo ein Vata schon längst verzweifelt wäre, sind Kaphas belastbar und geben nicht so schnell auf. Sie sind zuverlässig und bei vielen Dingen – und für viele Menschen – ein stabiler Partner und Freund. Sie vergessen dank ihres ausgezeichneten Langzeitgedächtnisses fast nichts.

Kapha-Menschen haben breite Schultern und Hüften, einen schweren Körperbau, große Augen, volle Lippen, kräftige Haare sowie breite, große Hände. Insgesamt wirken sie im Gegensatz zu Pittas rundlicher.

Die schönste Eigenschaft an Kaphas ist ihre Vorliebe

für gutes und leckeres Essen. Deswegen befinden sich in Kapha-Town auch die besten Restaurants und Lokale. Die Menschen kommen aus allen Ecken des Ayurveda-Reiches, um hier zu essen – denn es ist wirklich vorzüglich!

Das beliebteste Restaurant trägt den Namen »4-8-6-12«.

Dieser Name wirkt zunächst etwas komisch, aber nicht umsonst ist es das beste Restaurant in ganz Ayurveda. Hier kochen die besten Köche nach den Prinzipien der ayurvedischen Küche.

Die Zahl 4 steht für die vier Komponenten, die eine Ayurveda-Mahlzeit enthalten sollte: essbar, kaubar, lutschbar und trinkbar. Die Zahl 6 symbolisiert die sechs Geschmacksrichtungen. Diese sind: süß, sauer, scharf, salzig, bitter und herb/zusammenziehend. Die Zahl 8 steht für die acht Faktoren der Nahrungsaufnahme: Im Ayurveda beachtet man zusätzlich, wie die Nahrung eingenommen wird. Nicht nur das Essen an sich, sondern auch das Ganze drumherum hat einen wichtigen Einfluss darauf, wie man das Essen verdaut. Der Zeitpunkt, also wann man isst (Uhrzeit/Tageszeit), sowie die Umgebung und Atmosphäre – inklusive der

Menschen um einen herum – spielen ebenso eine Rolle. Dazu zählt auch der Ort, an dem die Person lebt, und wo sie ihre Lebensmittel kauft.

Die Verzehrmenge ist ein besonders wichtiger und entscheidender Faktor für die Verstoffwechslung des Essens. Es heißt, der Magen sollte jeweils zu einem Drittel mit Essen und Trinken gefüllt sein – und ein weiteres Drittel sollte zur Verdauung leer bleiben. Auch die Kombination der Speisen hat einen Einfluss auf die Qualität und Eigenschaften der Nahrung. Es gibt im Ayurveda Empfehlungen, welche Lebensmittel man zusammen essen und welche man eher nicht kombinieren sollte.

Auf emotionaler Ebene entscheiden außerdem die Gefühle und Gedanken beim Kochen und Essen darüber, ob die Speisen gut verdaut, gesund oder ungesund sind. Das gesündeste Essen wird in einer ungesunden Umgebung und Atmosphäre auch ungesund verdaut.

Alles, was guttut und förderlich für die gesamte Nahrungsaufnahme ist, nennt man Pathya. Alles, was man nicht tun oder essen sollte, bezeichnet man als Apathya.

Wenn man sich die Restaurants und die Essensmeilen in Kapha-Town so ansieht, dann vereinen sie genau all diese Faktoren – denn die Menschen hier sind absolute Genussmenschen.

Die letzte Zahl im Namen des beliebten Lokals »4-8-6-12« ist die 12. Sie steht für die zwölf Nahrungsmittelgruppen. Ayurvedisch sollten Speisen aus möglichst vielen dieser Gruppen zusammengesetzt sein. Eine große Auswahl macht das Essen nicht nur bunter, sondern auch ausgewogener.

Gut ist eine Kombination aus: • Getreide • Gemüse • Blattgemüsen • Früchten • Hülsenfrüchten • Milch und Milchprodukten • Fleisch • Fisch und Eiern •

Zucker • Süßungsmitteln • Gewürzen und Wasser.

Genau das findet man hier in Kapha-Town wieder.

Da Kaphas kleine Lecker- und Süßmäulchen sind, müssen sie allerdings aufpassen, nicht zu viel zu essen. Ansonsten kann es zu einem Dosha-Ungleichgewicht kommen. Die Folge können Übergewicht, Beschwerden und Erkrankungen der Atemwege sein – zum Beispiel Schnupfen, Husten, Ohrenschmerzen, Verschleimungen sowie Antriebslosigkeit.

Quer durch Kapha-Town verteilt stehen Statuen, deren Kopf- und Brustbereich farblich hervorgehoben sind. Es ist der Sitz von Kapha – und soll die Menschen daran erinnern, ihr Dosha in Balance zu halten.

Nördlich von Pitta-City befindet sich das letzte Dosha-Städtchen. Es trägt den Namen Vata-Valley (gesprochen: Vata-Välli). Und hier ist wirklich einiges los!

Ein Künstlerviertel reiht sich an das nächste und es gibt eine Menge auszuprobieren. Vata-Menschen sprudeln vor Kreativität und Ideenreichtum – und das sieht man deutlich am Stadtbild. Überall kann man spontan Dinge ausprobieren und kommt mit Leuten in Kontakt. Egal ob Malen, Zeichnen, Projekte aller Art oder Sportangebote: In Vata-Valley gibt es nichts, was es nicht gibt, um getestet zu werden.

Fragt man Vatas nach etwas, reden und sprechen sie schnell vor Begeisterung. Es ist schwer, sich dieser Freude und Neugier zu entziehen. Sie lernen schnell und haben ein tolles Kurzzeitgedächtnis.

Weil so viel auf einmal passiert, wirkt es oft ein wenig chaotisch – und bei zu viel Vata ist das auch genau das Problem. Oft verlieren sie den Überblick, und das führt wiederum zu Unruhe, Chaos, Schlaflosigkeit, Blähungen oder Verstopfung. In diesem ganzen Stress sind Vatas dann weniger belastbar und klagen über kalte Hände und Füße sowie Kopf- und Rückenschmerzen.

Jeder Vata kann sich dann glücklich schätzen, einen Kapha zum Freund zu haben. Diese kümmern sich gerne um den durchgewirbelten Vata und helfen ihm, sich zu erden.

Vatas vergessen vor lauter Aktivität oft zu essen – und regelmäßige Mahlzeiten tun ihnen richtig gut. Darum kümmern sich dann liebevoll die Kaphas. Sie sind ja schließlich die Experten auf dem Gebiet.

Wie ihr Element Luft sind Vatas zart gebaute Leichtgewichte. Entweder sind sie sehr groß und schlank oder klein und zierlich. Sie haben feine, schmale Gesichtszüge, feine Hände, kleine Augen sowie trockene, dünne Haare und Haut – genau das Gegenteil von Kapha.

Vatas tragen alle einen kleinen Anhänger um den Hals. Auf der einen Seite sind ihre Eigenschaften eingraviert: trocken, kalt, leicht, fein, beweglich, nicht schleimig und rau. Auf der anderen Seite befindet sich eine Abbildung der Region des Unterleibs, des Dickdarms sowie der Arme und Beine. Hier ist der Sitz von Vata.

Der Anhänger soll die Vatas immer an ihre Eigenschaften erinnern und daran, ihr Dosha im Gleichgewicht zu halten. Sie tragen diese Kette bei sich – denn manchmal verlieren sie im Ungleichgewicht schnell den Überblick.

Im Zentrum der drei Städte befindet sich der Plaza del Tridosha (gesprochen: Plasa del Tridoscha).

Dieser Platz ist in vielerlei Hinsicht etwas ganz Besonderes. Hier leben die Menschen, die nahezu gleiche Anteile aller drei Doshas in sich tragen: die Tridoshas.

»Tri« bedeutet »drei«. Weil sie alle drei Doshas vereinen, können sie sich sehr gut in andere hineinversetzen. Egal ob bei Gesprächen, Verabredungen, Streitereien, Verhandlungen oder bei der Arbeit – sie wissen einfach, wie sie mit jedem Dosha-Typen umgehen können.

In der Mitte des Platzes steht ein großes Kunstwerk: Statuen von Menschen, die gemeinsam eine große Weltkugel tragen. Um sie herum schweben in leuchtenden Farben die fünf Mahabutas – die Elemente Feuer, Erde, Wasser, Luft und Äther. Dieses Kunstwerk erinnert die Bewohner daran, dass sie mit der Natur und dem Kosmos untrennbar verbunden sind.

Wichtige Feste werden im Reich des Ayurveda auf dem Plaza del Tridosha gefeiert – hier besinnen sich die Menschen auf ihren Ursprung.

Und noch etwas verleiht dem Platz eine besondere Energie: Nicht nur die Mahabutas schweben hell und sichtbar über dem Platz, sondern auch Agni, das magische Feuer, zeigt sich hier.

Aus den Tiefen der Erde steigt ein warmer Feuerschimmer auf – das ist das Verdauungsfeuer der Menschen. Wenn es zu stark lodert oder zu schwach brennt, kann das das Dosha-Gleichgewicht

stören. Darum gibt es hier die Feuerwächter, die dafür sorgen, dass Agni immer optimal brennt.

Vom Plaza del Tridosha führt eine von Bäumen gesäumte Allée in Richtung Osten. Sie hat einen leichten Anstieg und verläuft durch die Mitte des Reiches. Rechts und links zwischen den Bäumen stehen Säulen, auf denen die sieben Körpergewebe abgebildet sind – man nennt sie im Ayurveda Dhatus. Deshalb heißt der Weg auch Dhatu-Allée.
Am Ende der Allée angekommen, blickt man auf das geheimnisvolle Gebiet der Gunas.

Und übrigens: Von hier oben hat man auch den besten Aussichtspunkt im ganzen Reich des Ayurveda – perfekt für Fotos und Selfies!

Zum Gebiet der Gunas gelangt man auf unterschiedlichen Wegen. Diese nennt man im Ayurveda »Srotas« – so heißen auch die Transportkanäle in unserem Körper. Wenn diese

Wege einmal verstopft oder blockiert sind, rücken die Amanatoren aus.

Ama sind Schlackenstoffe, die sich im Körper ansammeln und die Srotas blockieren – das ist wie eine Straßensperrung nach einem Öl-Unfall! Dann braucht es besondere Helfer, um alles wieder freizumachen, ohne dass Schäden zurückbleiben.
Diese Helfer sind die Amanatoren. Sie fahren auf kutschenartigen Fahrzeugen mit einer riesigen Kugel in der Mitte. Darin befinden sich zwei große, umschlungene Tanks. Einer ist gefüllt mit Ghee, dem flüssigen Gold im Ayurveda. Der andere enthält Honig.

Beide werden im Ayurveda zur Beseitigung von Ama verwendet. Wird ein Notruf ausgesendet, eilen die Amanatoren blitzschnell aus ihrem Stützpunkt im Osten zur Hilfe.

Manchmal führt ihr Weg auch nach Süden – ins Gebiet von Panchakarma (gesprochen: Pantschakarma). Hier stehen das große Krankenhaus und die Heilstationen des Reiches. Viele Bewohner kommen hierher, wenn sie krank sind – aber auch einfach nur, um eine Kur zu machen und ihre Doshas

wieder in Balance zu bringen.

Es ist wie ein Heilurlaub, nach dem man voller Energie und Kraft zurückkehrt. In Panchakarma wird viel medizinisches Ghee eingesetzt – darum liefern die Amanatoren täglich Nachschub.

Einige Menschen landen in Panchakarma, weil sie sich zu lange in einem bestimmten Teil des Guna-Gebietes aufgehalten haben. Dieses liegt im Nordosten des Reiches und umfasst drei verschiedene Landschaften.

Im Norden liegt Tamasien – kein besonders fröhlicher Ort. Viele finden die düstere Stimmung dort sogar schön, aber für die meisten ist es zu klebrig, stinkig und dunkel. Es ist ein riesiges Sumpfgebiet.

Baumstämme ragen aus grünem, undurchsichtigem Wasser, Nebelschwaden ziehen über moosige Flächen, und es ist merkwürdig still. Man hört nur selten ein paar Vögel, Insekten oder das Blubbern aus einem schlammigen Loch.

»Tamas« bedeutet im Ayurveda Trägheit, Antriebslosigkeit, depressive Gefühle und Schwere.

Kein Wunder, dass man hier lieber nicht zu lange bleibt.

Zum Glück geht's weiter Richtung Nordosten, wo sich die Hochebenen von Sattva ausbreiten. Und ganz weit dahinter ragt er empor – der mächtige Vulkan Rajas.

Er ist der aktivste Vulkan im Reich und man spürt seine Energie überall. Sie schenkt Motivation, Bewegung und Ehrgeiz. Doch Achtung: Wird die Rajas-Energie zu stark, beginnt der Vulkan zu brodeln, und irgendwann spuckt er heiße, rote Lava. Dann braucht es Zeit, bis alles wieder abkühlen

kann.

Wie gut, dass es einen Ort gibt, der alles ausgleicht – die Hochebenen von Sattva. Hier fühlt sich alles leicht, sicher und friedlich an.

In den heilenden Gärten spaziert man gerne, und gleich daneben befindet sich die berühmte Ayurveda-Universität. Hier lehren zwei ganz besondere Persönlichkeiten: Meister Ojas und Madame Prana.

Ojas und Prana sind im Ayurveda die zwei wichtigsten Lebenskräfte. Menschen mit viel Sattva und Ojas erkennt man an ihrer leuchtenden Ausstrahlung.

Meister Ojas ist so ein Mensch. Was immer ihr über Ayurveda wissen möchtet – er erklärt es euch ruhig, geduldig und mit einem liebevollen Lächeln.

Auch Madame Prana freut sich immer über Besuch. Sie leitet die Ayurveda-Bibliothek und findet für jede Frage das passende Buch. Außerdem gibt sie Yogaunterricht und reist manchmal nach Vata-Valley, um gestresste Vatas wieder zu erden. Ihre Kurse sind sehr beliebt.

So endet unsere erste Reise durch das Reich des Ayurveda.

Wir – Meister Ojas, Madame Prana und alle Bewohner – freuen uns sehr, dass ihr da wart, und hoffen, ihr besucht uns bald wieder.

Vielleicht schon morgen früh? Dann machen wir gemeinsam die Dinacharya, die ayurvedische Morgenroutine.

Auf Wiedersehen und Namasté!

Das ist ein indischer Gruß und bedeutet so viel wie: »Ich verbeuge mich vor dir.«

Anne und Mama falten ihre Hände, verbeugen sich und beenden ihre Geschichte.

Sie schauen gespannt in die Gesichter der anderen Familienmitglieder. Es ist still. Sehr still. Kommt da noch was?

»Wow«, platzt es aus Papa heraus. »Wow, wow, wow!«

Oma und Opa fangen an zu

applaudieren.

»Ganz großes Kino!«, ruft Opa begeistert. »Jetzt habe ich zum ersten Mal begriffen, was ihr da die ganze Zeit eigentlich macht.«

»Das ist ja doch kein Kochkurs«, ruft Oma erstaunt.

»Das sage ich doch die ganze Zeit!«, lacht Mama.

»Ja, aber jetzt habe ich das erst richtig verstanden, Liebes«, versichert Oma ihr.

»Dieser Meister Ojas ist ja ein cooler Typ – fast wie ein Jedi-Ritter aus Star Wars«, mischt sich Aaron ein.

»Nur dass Meister Ojas nicht mit so einem braunen, langweiligen Umhang rumläuft«, kichert Anne.

»Egal. Boah, ich habe jetzt wieder richtig Hunger. Ich hole schon mal die Muffins!«, sagt Aaron und springt auf.

»Ich helfe dir«, sagt Papa und folgt ihm in die Küche. Oma und Opa sitzen noch immer ganz hin und weg auf der Couch.

»Und, Ayurveda-Oma, alles klar?«, kuschelt sich Anne zu ihr.

»Vielen Dank, mein Schatz, dass ich auf meine alten Tage noch so etwas Tolles lernen darf«, sagt Oma gerührt und gibt Anne einen Kuss.

»Das war alles Annes Idee«, berichtet Mama stolz und

schaut ihre Tochter liebevoll an.

»Ehrlich?«, sagt Opa verblüfft. »Ihr zwei habt das super erklärt! Jetzt erlaube ich Oma auch, dass sie sich von euch ein bisschen was Ayurvedisches abschaut. Ich weiß jetzt, dass ich dabei nicht verhungern werde!«

Alle lachen.

Oma fragt: »Ihr hattet doch gesagt, dass wir am Ende Fragen stellen dürfen. Was hat es denn mit diesem Agni auf sich? Und wie viele Dhatus gibt es eigentlich?«

»Dazu gibt es noch einmal so viel zu erzählen wie eben!«, antwortet Anne.

Mama ergänzt: »Allein über das Agni könnte ich ein ganzes Buch schreiben.«

»Ich weiß. Aber das machen wir ein andermal. Genug Ayurveda für heute!«, ruft Papa aus der Küche und zwinkert in die Runde.

»Muffins für alle!«, ruft Aaron.

Sie essen, lachen und reden noch bis abends.

In ihrem Bett lässt Anne den Tag in Gedanken noch einmal passieren.

Sie ist stolz auf sich selbst und auf Mama. So viele Komplimente für ihre Geschichte hatte sie nicht erwartet.

Jetzt sind wir alle Ayurvedis, freut sie sich.

Ob sie mit Mama wirklich ein Agni-Buch schreiben wird? Wer weiß?

 Glossar
Ayurvedische Begriffe für kleine und große Ayurvedis

Agni

Das ist unser Verdauungsfeuer. Es hilft dabei, das Essen gut zu verdauen. Wenn es zu stark oder zu schwach brennt, fühlen wir uns oft unwohl. Darum kümmern sich im Reich des Ayurveda sogar die Feuerwächter um Agni!

Ama

Das ist „Müll" im Körper. Also das, was wir nicht brauchen oder was schlecht verdaut wurde. Ama kann die Straßen im Körper (Srotas) verstopfen. Dann kommen die Amanatoren zur Hilfe!

Amanatoren

Das sind besondere Helfer im Reich des Ayurveda. Sie beseitigen Ama mit Ghee und Honig. Ihre Kutsche sieht aus wie ein Zauberfahrzeug mit zwei riesigen Tanks!

Abhyanga

Das ist eine Ölmassage. Sie macht warm, ruhig und hilft dem Körper, sich zu entspannen. Im Reich des Ayurveda ist sie Teil der Dinacharya, also der Morgenroutine.

Doshas (Vata, Pitta, Kapha)

Das sind die drei Grundtypen im Ayurveda. Jeder Mensch hat alle drei in sich – aber in ganz verschiedenen Mischungen.

- **Vata** steht für Luft und Bewegung. Menschen mit viel Vata sind oft kreativ, aber auch schnell gestresst.
- **Pitta** steht für Feuer und Energie. Pitta-Typen sind mutig und ehrgeizig, aber können auch mal schnell sauer werden.
- **Kapha** steht für Erde und Wasser. Kapha-Typen sind gemütlich, stark und sehr liebevoll – manchmal aber auch ein bisschen langsam.

Dhatus

Das sind die sieben Gewebe in unserem Körper, aus denen alles besteht: Blut, Muskeln, Knochen, Nerven und so weiter. Sie stehen in der Dhatu-Allée als

Säulen.

Ghee
Das ist geklärte Butter – ganz goldgelb, lecker und gesund. Im Ayurveda ist es ein echtes Heilmittel, besonders für den Bauch und das Gehirn.

Gunas (Sattva, Rajas, Tamas)
Das sind die drei Stimmungen oder Qualitäten, die in allem stecken:
– Sattva ist leicht, freundlich, klar und fröhlich.
– Rajas ist aktiv, schnell und manchmal unruhig.
– Tamas ist schwer, dunkel, langsam oder träge.
Im Reich des Ayurveda gibt es sogar ganze Landschaften für jedes Guna!

Jala Neti (Nasenspülung)
Mit Wasser durch die Nase – klingt komisch, hilft aber super bei Schnupfen und für frische Luft im Kopf!

Mahabhutas
Das sind die fünf Elemente, aus denen alles besteht: Feuer, Erde, Wasser, Luft und Äther (Raum).

Sie tanzen als bunte Lichter um die Weltkugel am Plaza del Tridosha.

Nasya
Das ist ein Tropfen Öl in die Nase. Es hilft, den Kopf klar zu machen und die Nase zu pflegen.

Ojas
Die Kraft, die uns gesund, fröhlich und stark macht. Menschen mit viel Ojas strahlen richtig von innen!

Panchakarma
Das ist eine besondere Reinigungskur im Süden des Reiches. Hier werden Körper und Geist wieder richtig sauber, gesund und fit gemacht.

Prana
Das ist die Lebensenergie, die durch unseren Körper fließt – wie ein Zauberwind, der uns lebendig macht.

Srotas
Das sind die „Straßen" in unserem Körper – sie transportieren alles, was wichtig ist: Luft, Nahrung, Gedanken.

Tri-Dosha / Tridoshas

Menschen, bei denen alle drei Doshas (Vata, Pitta, Kapha) ganz ausgeglichen sind. Sie wohnen am Plaza del Tridosha und verstehen alle besonders gut!

Zungenschaben

Ein Teil der Dinacharya – morgens wird die Zunge mit einem kleinen Schaber gereinigt. Damit wird Ama aus dem Mund entfernt. Frischer Atem, juhu!

Nachwort

Liebe kleine und große Leserinnen und Leser,
vielleicht habt ihr es beim Lesen schon gemerkt: Dieses Buch ist mehr als nur eine Geschichte. Es ist eine Einladung – in das bunte, lebendige und manchmal auch ziemlich verrückte Reich des Ayurveda. Gemeinsam mit Anne, Mama, Aaron und all den anderen habt ihr entdeckt, dass Ayurveda kein kompliziertes System ist, sondern ein liebevoller Begleiter für den Alltag – für Groß und Klein.

Ayurveda bedeutet: das Wissen vom Leben. Und genau darum geht es hier. Nicht um Regeln, die man streng befolgen muss. Sondern um ein Gespür für sich selbst. Um Achtsamkeit. Um das Lauschen nach innen. Und darum, wie wir mit einfachen Mitteln – wie Wärme, Struktur, guter Ernährung, Gewürzen, kleinen Ritualen und viel Liebe – unser Leben gesünder, entspannter und fröhlicher gestalten können.

Vielleicht habt ihr beim Lesen geschmunzelt, gestaunt oder euch sogar ein bisschen wiedergefunden. Vielleicht hat euch eine Szene berührt oder eine Figur besonders gefallen. Vielleicht seid ihr jetzt neugierig geworden und möchtet selbst kleine Ayurveda-Abenteurer oder - Abenteurerinnen werden.

Dann heißt es: Willkommen im Reich des Ayurveda! Es wartet darauf, von euch entdeckt zu werden – jeden Tag, in kleinen Schritten.

Denn das Reich ist nicht nur eine Karte an der Wand. Es ist ein Ort in uns – voll Wärme, Klarheit, Mitgefühl und Lebensfreude.

Danke, dass ihr Teil dieser Reise wart.

Und wer weiß?

Vielleicht geht es bald weiter mit neuen Abenteuern, neuen Fragen – und einem neuen Kapitel in diesem bunten Reich.

Von Herzen,
Veronika

Über die Autorin

Veronika Komadina-Hana lebt mit ihrem Mann und ihrem kleinen Sohn in der Nähe von Frankfurt. Wenn sie nicht gerade neue Geschichten und Blogartikel schreibt oder mit ihrer Familie Natur, Essen und Reisen geniesst, arbeitet sie als Lehrerin an einer Haupt- und Realschule. In ihrer Elternzeit hat sie Happy Ayurveda Family gegründet – ein Herzensprojekt, mit dem sie Familien begleitet und Kindern zeigt, wie sie von klein auf gesund, glücklich und zufrieden leben können. Als ayurvedischer Kindercoach und Ernährungsberaterin liebt sie es, ihr Wissen kindgerecht weiterzugeben – mit viel Herz, Humor und einem Hauch Magie.

Rezept:
Ayurvedischer Griesbrei mit Mangomus

Zutaten:

- 500 ml Pflanzenmilch (z.B. Mandel-, Hafer- oder Reismilch – am besten ungesüßt)
- 60–70 g Dinkelgrieß (alternativ: feiner Weizengrieß oder Hirsegrieß)
- 1–2 EL Ghee oder Kokosöl
- 1 Prise Salz
- 1–2 TL Ahornsirup, Dattelsirup oder Reissirup (nach Geschmack)
- 1/2 TL gemahlener Zimt
- 1/4 TL Kardamom (gemahlen)
- Optional: etwas frisch geriebener Ingwer (vor allem bei Kapha oder kühler Jahreszeit)
- 1 reife Mango oder ca. 200 g Mangopüree (Bio, ungesüßt)
- Etwas Zitronensaft (wenn die Mango sehr süß ist)

Zubereitung:

(bitte mit einem Erwachsenen kochen!)

1. In einem Topf das Ghee oder Kokosöl leicht erwärmen. Zimt, Kardamom (und optional Ingwer) kurz darin anrösten, bis die Gewürze duften.
2. Die Pflanzenmilch und eine Prise Salz hinzufügen, unter Rühren aufkochen lassen.
3. Den Grieß langsam einrieseln lassen, dabei ständig rühren, damit keine Klümpchen entstehen.
4. Die Hitze reduzieren und den Brei unter Rühren ca. 3–5 Minuten leicht köcheln lassen, bis er eindickt. Wenn er zu dick wird, einfach etwas heiße Milch oder heißes Wasser nachgießen.
5. Mit Ahornsirup oder einer anderen Süße abschmecken.
6. Während der Grießbrei quillt, die Mango schälen und pürieren (oder fertiges Mangomus verwenden). Wer mag, gibt einen Spritzer Zitronensaft dazu, um die Süße auszubalancieren.
7. Den warmen Grießbrei in Schalen füllen, das Mangomus darübergeben oder als »Sonne in der Mitte« servieren.

Extra Ayurvedi-Tipp

Mehr Ayurveda für dich und deine Familie findest du online auf der Website von Happy Ayurveda Family. Schaut euch hier gerne mal um!

Scanne einfach den QR-Code mit deinem Smartphone und entdecke Blogartikel, Kurse und Inspiration für deinen und euren Alltag.